Englische Präpositionen

Bedeutung und korrekter Gebrauch
der englischen Verhältniswörter

herausgegeben von der
Langenscheidt-Redaktion
bearbeitet von Angela Einberger

Langenscheidt

Berlin · München · Wien · Zürich · New York

Abkürzungen

adj./p.	prädikatives Adjektiv
adv.	Adverb
Am.	im amerikanischen Englisch
(B.)	in bildlicher (übertragener) Bedeutung
bes.	besonders
Br.	im britischen Englisch
cj.	Konjunktion
dat.	Dativ
F	umgangssprachlich
gen.	Genitiv
inf.	Infinitiv
prp.	Präposition
(R.)	in räumlicher Beziehung
S.	Seite
Subst.	Substantiv
(Z.)	in zeitlicher Beziehung
z. B.	zum Beispiel
→	siehe, Verweiszeichen

© 2000 by Langenscheidt KG, Berlin und München
Druck: Druckhaus Langenscheidt, Berlin
Printed in Germany · ISBN 3-468-35402-9

Vorwort

Die englischen Präpositionen (Verhältniswörter) stellen den Lernenden häufig vor große Schwierigkeiten, denn nur in wenigen Fällen ist es möglich, eine englische Präposition ohne weiteres mit einer einzigen deutschen Präposition gleichzusetzen. So stehen beispielsweise die fünf Wörter "under, underneath, beneath, below, among" für die Übersetzung der einen deutschen Präposition „unter" zur Verfügung. Noch verwirrender ist – im Vergleich zum Deutschen – die Fülle der englischen Präpositionen bei Zeitangaben (z. B. "at noon", aber "in the morning").

Mit Hilfe des vorliegenden Büchleins lässt sich der richtige Gebrauch der englischen Präpositionen leicht erlernen. Alphabetisch geordnet und dann nach Bedeutungen gegliedert, werden die englischen Präpositionen in Hunderten von Anwendungsbeispielen vorgestellt.

Der Abschnitt „Wichtige Präpositionen, bildlich dargestellt" vermittelt eine erste anschauliche Vorstellung vom Bedeutungskern der wichtigsten Präpositionen. Die dann folgende durchgehende zweispaltige englisch-deutsche Anordnung und die Differenzierung nach räumlicher, zeitlicher und bildlicher (übertragener) Bedeutung erleichtert die Aneignung der Präpositionen in den verschiedenen Anwendungsbereichen. Kontrastiv werden auch gleich lautende Adverbien und Konjunktionen bei den einzelnen Präpositionen mit behandelt. Englische Redewendungen, die sich nicht ohne weiteres mit Hilfe der für die Präpositionen angegebenen Übersetzungen ins Deutsche übertragen lassen, werden jeweils in einem besonderen Abschnitt "Idioms" zusammengefasst.

Ein systematisches Durcharbeiten des Büchleins und die entsprechende Einübung führen den Lernenden zum korrekten und idiomatischen Gebrauch der englischen Präpositionen. Er kann mit dem Büchlein e i n e englische Präposition oder d i e englischen Präpositionen lernen und wiederholen; er kann es aber auch zum Nachschlagen benutzen. In jedem Falle vervollkommnet er sich dabei in einem Teilgebiet, das für die Beherrschung der englischen Sprache unerlässlich ist.

Inhaltsverzeichnis

1. Wichtige Präpositionen, bildlich dargestellt — 5

2. Einfache Präpositionen — 7

aboard 7	beyond 24	past 53
about 7	but 25	per 53
above 9	by 26	round 54
across 10	despite 29	since 55
after 11	down 29	through 56
against 13	during 30	throughout 57
along 14	except 31	thru 57
alongside 14	for 31	till 57
amid(st) 14	from 34	to 58
among, Br.	in 35	toward(s) 62
auch amongst . . 15	inside 40	under 63
around 15	into 40	underneath 65
at 16	like 41	until 66
before 19	notwithstanding . . 41	up 66
behind 20	of 41	upon 67
below 21	off 44	via 68
beneath 22	on 45	with 68
beside 22	onto 50	within 70
besides 23	opposite 50	without 71
between 23	outside 50	
betwixt 24	over 51	

3. Zusammengesetzte Präpositionen — 72

according to 72	but for 73	instead of 74
along with 72	down from 73	next to 74
as for 72	down to 73	on to, onto 74
as to 72	due to 73	out of 74
because of 72	except for 73	up to 76

1. Wichtige Präpositionen, bildlich dargestellt

1.1. Lage

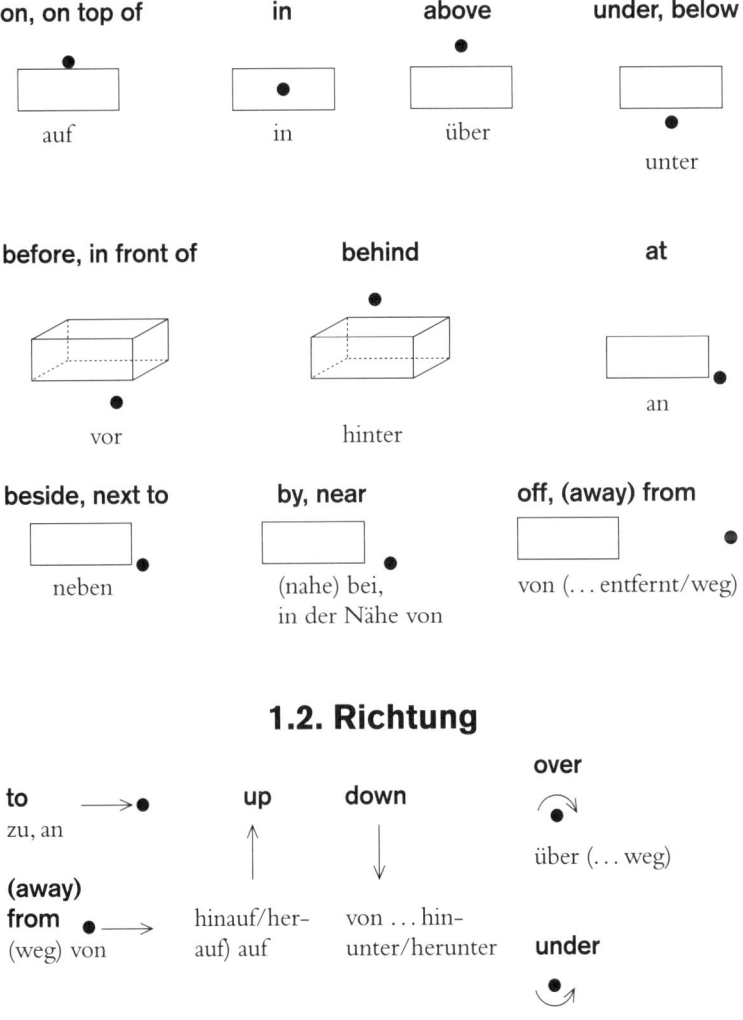

1.2. Richtung

on(to), upon

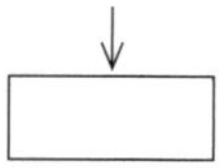

auf

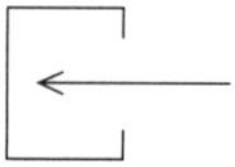

into, auch: **in**
(hinein/herein) in

under

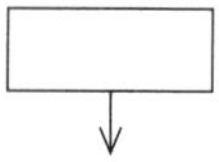

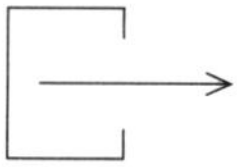

out of
(hinaus/heraus) aus

through(out)	across	along	by, past	(a)round, (round) about
durch	(quer) durch (quer) über	entlang, längs	vorbei an	(herum) um, (rund) um

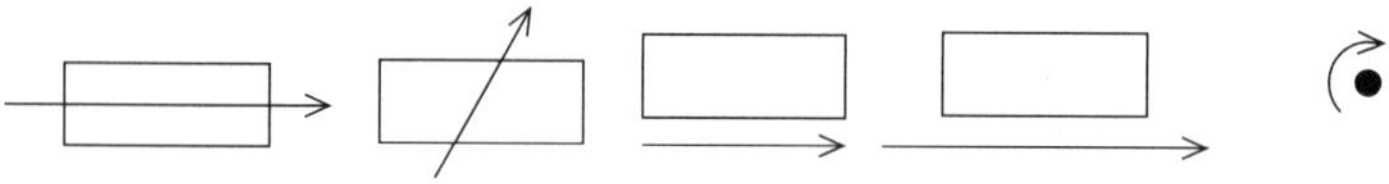

1.3. Beziehung

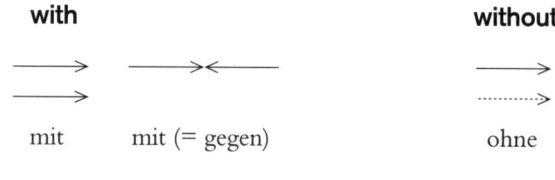

with — mit — mit (= gegen)

without — ohne

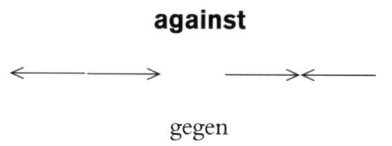

against

gegen

2. Einfache Präpositionen

aboard

an Bord:
We went aboard our ship at 10 p.m.   Wir schifften uns um 22 Uhr ein.

⚠ Unterscheide davon **adv.**:

an Bord:
The sailors of the "Nautilus" had to be aboard at midnight.   Die Matrosen der „Nautilus" mussten um Mitternacht an Bord sein.

about

1. (R.)
a) um (od. in, auf) (... herum od. umher):
We walked about the town for hours.   Wir gingen stundenlang in der Stadt umher.
The dog was snooping about my feet.   Der Hund umschnüffelte meine Füße.
His books were scattered about his desk.   Seine Bücher lagen auf seinem Schreibtisch verstreut.

b) rund herum um, um (... herum):
She rubbed her eyes and looked about her.   Sie rieb sich die Augen und sah sich um.

c) (irgendwo) in; in der Nähe (von):
Burglars must have been about the house.   Es müssen Einbrecher im Haus gewesen sein.

2. (B.) bei, an:
I had no money about me.   Ich hatte kein Geld bei mir.
What's so particular about her?   Was hat sie denn so Besonderes an sich?

3. über, wegen, betreffs:
Can you talk about nothing but business?   Könnt ihr über nichts anderes als über Geschäfte reden?
We should think about how we can help Edward.   Wir sollten darüber nachdenken, wie wir E. helfen können.

They quarrelled about which team would win.	Sie stritten (sich) darüber, welche Mannschaft gewinnen würde.
I must go and see Mr Miller about that matter.	Ich muss wegen dieser Angelegenheit zu Herrn M. gehen.

Idioms:

John didn't care about Maria.	J. machte sich nichts aus M.
Please see about the hotel rooms.	Bitte kümmere dich um (od. sorge für) die Hotelzimmer.
What about (od. How about) a cup of tea?	Wie steht es mit einer Tasse Tee?
What is this all about?	Worum geht es (od. handelt es sich) dabei eigentlich?

4. ungefähr, etwa; (Z.) auch: gegen:

They walked about 20 miles.	Sie gingen etwa 20 Meilen.
It was about midnight when my mother went to bed.	Es war gegen Mitternacht, als meine Mutter zu Bett ging.

5. to be about (to inf.) gerade im Begriff (od. darüber/dabei) sein (zu inf.), vorhaben (zu inf.):

His wife was just about to go out.	Seine Frau war gerade im Begriff (od. dabei) zu gehen.

Idioms:

Mind what you are about!	Sieh dich vor! Überleg dir, was du (da) tust!
What are they about this time?	Was führen sie jetzt wieder im Schilde?

6. über, an (eine[r] Tätigkeit):

I must go about my work now.	Ich muss jetzt an meine Arbeit gehen.

Idioms:

Take your time about it!	Lass dir Zeit dazu!
Will you lay the table? The coffee water will boil while you are about it.	Deckst du den Tisch? Das Kaffeewasser wird unterdessen (od. inzwischen) kochen.

⚠ Unterscheide davon **adv.**:

1. rings-, rundherum, im (Um)Kreis: herum(-), umher(-):

The lion was running about restlessly in his cage.	Der Löwe rannte unruhig in seinem Käfig herum.

His shoes were lying about on the floor.	Seine Schuhe lagen auf dem Boden herum.
We walked about in the town.	Wir gingen in der Stadt umher.

2. (irgendwo) in der Nähe; auch: **tätig, aktiv:**

Is there a cat about?	Ist hier irgendwo eine Katze? Läuft hier eine Katze herum?
The doctor says that flu is about.	Der Doktor sagt, dass die Grippe umgeht.

above

1. (R.)
a) über:

The plane is flying above the clouds.	Das Flugzeug fliegt über den Wolken.
The sun rises above the horizon.	Die Sonne taucht über dem Horizont auf.

b) oberhalb, von ... fluss- od. stromaufwärts:

Can we cross the river? – There's a bridge half a mile above the village.	Können wir den Fluss überqueren? – Eine halbe Meile oberhalb des Dorfes ist eine Brücke.

2. (B.)
a) über (gradmäßig; dem Rang, der Würde, den Fähigkeiten nach); **mehr als, höher als:**

She's the boss. There's nobody above her in the company.	Sie ist die Chefin. In der Firma steht niemand (mehr) über ihr.
He ranks above all the other competitors.	Er steht über allen anderen Bewerbern (od. übertrifft alle anderen Bewerber).

Idioms:

Above all you need a little rest now.	Du brauchst jetzt vor allem ein wenig Ruhe.
You, above all others, should not have left me in the lurch.	Gerade du hättest mich nicht im Stich lassen sollen.
Some of the students are above (the) average.	Einige der Studenten stehen über dem Durchschnitt.

b) erhaben über; zu stolz, (um) zu:

Idioms:
She will be above asking [above taking advice].	Sie wird zu stolz sein, um zu fragen [einen Rat anzunehmen].
This man won't be above accepting bribes.	Dieser Mann wird sich nicht scheuen, Schmiergelder anzunehmen.
Their mother is above (all) praise.	Ihre Mutter ist über jedes Lob erhaben.
The minister's conduct is above suspicion.	Das Verhalten des Ministers ist über jeden Verdacht erhaben.

c) (geistig) zu hoch (für):

This was above him.	Das war ihm zu hoch. Das ging über seinen Verstand.

⚠ Unterscheide davon **adv.**:

1. (R.) a) (dr)oben, oberhalb; b) nach oben:

The bedrooms are above.	Die Schlafzimmer sind oben.
Marble stairs led above.	Eine Marmortreppe führte nach oben.

2. (weiter) oben (in einem Buch):

As was stated above on page 26, …	Wie bereits oben auf Seite 26 erwähnt (wurde), …

3. darüber hinaus, mehr (bei Anzahl):

This hall accommodates 500 persons and above.	Dieser Saal fasst über 500 Personen.

across

1. (quer) über:

You must lay one stick across the other.	Du musst ein Stück Holz quer über das andere legen.
Be careful when you go across the street.	Sei vorsichtig, wenn du über die Straße gehst!

2. (quer od. mitten) durch:

The children swam across the river.	Die Kinder schwammen durch den Fluss.
She came running across the field.	Sie kam querfeldein gelaufen.

3. jenseits über:
The girls live [come from] across the bridge.
Die Mädchen wohnen [kommen von] jenseits der Brücke.
By this time Ellen ought to be across the Channel.
Um diese Zeit müsste E. bereits über dem Kanal sein.

> **Idiom:**
> *Last week I came across an old acquaintance of mine [the CD you have been looking for all the time].*
> Letzte Woche stieß ich zufällig auf einen alten Bekannten [stöberte ich zufällig die CD auf, die du schon die ganze Zeit suchst].

⚠ Unterscheide davon **adv.**:

1. a) hinüber(-); b) herüber(-):
The alpinists succeeded in getting across to the other side of the mountain.
Es gelang den Bergsteigern, auf die andere Bergseite hinüberzukommen.

The old woman at the kerb is so frightened. Let's help her across!
Die alte Frau am Straßenrand ist so ängstlich. Helfen wir ihr hinüber!
We went across on the ferry.
Wir fuhren mit der Fähre hinüber.

2. (quer-, mitten)durch:
The boards were sawn directly across.
Die Bretter waren genau querdurch gesägt.

3. breit, in der (ganzen) Breite:
The lake is almost five miles across.
Der See ist fast fünf Meilen breit.

after

1. (R.) hinter (... her); nach:
The dog ran after the girl.
Der Hund rannte dem Mädchen nach.

They came in, one after another.
Sie kamen hintereinander (od. einer hinter dem anderen) herein.

Shut the door after you when you leave the room.
Mach die Tür hinter dir zu, wenn du aus dem Zimmer gehst!
Get out quick! The police are after you.
Schnell hinaus! Die Polizei ist hinter dir her.

Idiom:
After you! — Bitte nach Ihnen!

2. (Z.) nach:
They watched a TV play after dinner. — Nach dem Abendessen sahen sie ein Fernsehspiel an.

She had recovered after some time. — Nach einiger Zeit hatte sie sich wieder erholt.

Can't you speak one after another? — Könnt ihr nicht nacheinander sprechen?

Idioms:
He will come the day after tomorrow [the week after next, the month after next]. — Er wird übermorgen [übernächste Woche, übernächsten Monat] kommen.

They decided to go by train after all. — Schließlich (od. zu guter Letzt) beschlossen sie, mit der Bahn zu fahren.

That was no trouble after all. — Das war ja (od. schließlich) nicht gerade schwierig.

3. nach, hinter (bei Reihenfolge, Rang etc.):
B comes after A in the alphabet. — B kommt im Alphabet nach A.

Elizabeth arrived after Sam. — Elisabeth kam nach Sam an.

4. trotz, bei:
After all the doctor's warnings the patient began smoking again. — Trotz aller Warnungen des Arztes fing der Patient wieder zu rauchen an.

5. nach, gemäß:
The boy was called after his grandfather. — Der Junge wurde nach seinem Großvater genannt.

This is a wine quite after my own heart. — Das ist ein Wein (so) ganz nach meinem Herzen (od. so wie ich ihn mag).

Idiom:
He is ill. We must look after him. — Er ist krank. Wir müssen nach ihm sehen. (od. uns um ihn kümmern.)

⚠ Unterscheide davon **adv.**:

1. (R.) hinterher(-), hintennach(-):
Jill came tumbling after. (Kinderlied) — J. kam hinterhergewackelt.

2. (Z.) nachher, hinterher, danach, später:
He arrived shortly after [3 weeks after]. — Er kam kurz danach [3 Wochen später] an.

against

1. (R.)
a) gegen, auf ... zu, an:

Danny hit his head against the wall.	D. rannte mit dem Kopf gegen die Wand.
Do you hear the rain beating against the window?	Hörst du, wie der Regen ans Fenster klopft?
You must place the ladder against the tree [the wall].	Du musst die Leiter am Baum anlehnen [an die Wand lehnen].
The spire of the church was silhouetted against the evening sky.	Der Turm der Kirche hob sich als Silhouette vom Abendhimmel ab.

b) gegen (= in entgegengesetzter Richtung):

They were rowing against the current.	Sie ruderten gegen den Strom (od. die Strömung).
He always went against the grain.	Er schwamm immer gegen den Strom.

2. (B.)
a) gegen, wider, entgegen, ... zuwider:

I am against this plan.	Ich bin gegen diesen Plan.
The laws against environmental pollution should be more severe.	Die Gesetze gegen die Umweltverschmutzung sollten strenger sein.
Don't act against your conscience.	Handle nicht gegen dein Gewissen!
The girl was married against her will.	Das Mädchen wurde gegen seinen Willen verheiratet.
Appearances are against the defendant.	Der Schein spricht gegen den Angeklagten.
It's against the law to drive faster than 30 mph here.	Es ist gesetz- (od. rechts)widrig, hier schneller als 30 Meilen pro Stunde zu fahren.

> **Idiom:**
> | | |
> |---|---|
> | Let's hope against hope! | Geben wir trotzdem die Hoffnung nicht auf! |

b) gegen, vor (Krankheit, Gefahr):

The doctor gave the boy an injection against tetanus.	Der Arzt gab dem Jungen eine Spritze gegen Tetanus.
These sunglasses provide excellent protection against ultra-violet rays.	Diese Sonnenbrille bietet einen hervorragenden Schutz vor ultravioletten Strahlen.

3. für, in Erwartung (von):

He had saved some money against a rainy day. (Sprichwörtlich)	Er hatte einen Notgroschen zurückgelegt.

along

entlang, längs:

The boys were running along the street. — Die Jungen rannten die Straße entlang.

The ship is sailing along the coast. — Das Schiff fährt die Küste entlang.

Policemen are lined up along the street. — Polizisten sind längs der Straße aufgestellt.

⚠ Unterscheide davon **adv.**:

1. entlang(-), dahin(-); auch: **mit(-):**

He ran along after the thief. — Er rannte hinter dem Dieb her.

Take your raincoat along! — Nimm deinen Regenmantel mit!

2. weiter(-), vorwärts(-):

Come along! It's time for us to go. — Los (od. Komm schon)! Es ist Zeit, dass wir gehen.

How is Bob getting along? — Was macht B. (für Fortschritte)?

Move along please! — (Polizist:) Bitte weitergehen!

alongside

1. (R.) längsseits, auch: **an:**

The ship anchored alongside the pier. — Das Schiff ging am Pier vor Anker.

2. (B.) neben, zusammen mit:

In many countries natural religions are practised alongside Christianity. — In vielen Ländern werden Naturreligionen neben (od. zusammen mit) dem Christentum ausgeübt.

amid(st)

inmitten (von), unter:

I found the bill amid(st) a heap of old letters. — Ich fand die Rechnung unter einem Berg von alten Briefen.

The house was standing amid(st) trees. — Das Haus stand inmitten von Bäumen.

among, Br. auch amongst

1. (R.) zwischen, (mitten) unter, inmitten (von):

He was sitting among his friends. — Er saß zwischen (od. mitten unter) seinen Freunden.

The castle stands among old oaks. — Das Schloss steht inmitten von alten Eichen.

2. (B.)
a) unter:
Among other things I don't like his boasting. — Unter anderem mag ich seine Angeberei nicht.

b) bei:
This is not the custom among us. — Das ist bei uns nicht üblich.

around

1. (R.)
a) um ... (herum), rund um:
Policemen were standing on guard around the ministry. — Polizisten standen rund um das Ministerium (herum) Wache.
A man went around the corner. — Ein Mann bog um die Ecke.

b) (rings)herum in (od. **um**), **im ... umher:**
During our holidays we were travelling around the country. — Während der Ferien reisten wir im Land umher.

c) (bes. Am. F) (nahe) bei, in der Nähe (von):
There used to be an inn around here. — Hier in der Nähe war früher einmal ein Wirtshaus.

2. (B.) (Am. F) etwa, ungefähr, „so um (die)":
His book has around 300 pages. — Sein Buch hat so um 300 Seiten.

⚠ Unterscheide davon: **adv.**:

1. (R.)
a) (rings)herum, (im Kreis) herum; herum-; b) umher(-), herum(-):
The top is spinning around. — Der Kreisel dreht sich (herum).
We had to stand around and wait. — Wir mussten herumstehen und warten.

Idiom:
He has been around a great deal. — Er ist viel herumgekommen.

2. (bes. Am. F) in der Nähe:
Her husband will be around when the baby arrives. — Ihr Mann wird in der Nähe sein, wenn das Baby (an)kommt.

at

1. (R.) an (allgemein); **in:**
Three men were standing at the corner. — Drei Männer standen an der Ecke.
They were at the seaside last summer. — Sie waren letzten Sommer an der See.

I met Mrs Bennet at the bookshop. — Ich traf Frau B. in der Buchhandlung.

Idioms:
a) bei:
We buy our bread at the baker's. — Wir kaufen unser Brot beim Bäcker.

b) zu:
Is Mrs White at home? — Ist Frau W. zu Hause?

c) auf:
The young people were at a party [a wedding]. — Die jungen Leute waren auf einer Party [einer Hochzeit].
Both his sons are at university. — Seine beiden Söhne sind auf der Universität.

I met him at the station [at the post office]. — Ich traf ihn auf dem (od. am) Bahnhof [auf dem Postamt].

d) in:
John and Peter are at school [church]. — J. und P. sind in der Schule [Kirche].

2. (Richtung):
a) auf (... zu, hin):
He aimed his arrow at the target. — Er richtete seinen Pfeil auf die Zielscheibe.

What [Who] are you aiming at? — **(B.)** Worauf zielst du ab? [Wen meinst du damit? Auf wen ist das gemünzt?]

Don't point your finger at people. — Zeige nicht mit dem Finger auf die Leute!

The shop assistant rushed at the boy who had just stolen a packet of cigarettes. — Der Verkäufer stürzte sich auf den Jungen, der gerade eine Schachtel Zigaretten gestohlen hatte.

b) auf ... los, gegen (feindlich):

The cat sprang at the dog.	Die Katze sprang auf den Hund los.
Fred was storming at his brother.	F. tobte gegen seinen Bruder.

3. an (einem Knochen, dem Essen); **(B.) an** (jemandem):

The dog is gnawing at a bone.	Der Hund nagt an einem Knochen.
Stop nagging at her!	Hör auf, an ihr herumzunörgeln!

4. in (einem Bereich, Fachgebiet), auch: **bei** (Spiel, Sport usw.):

Jim is good at mathematics.	J. ist gut in Mathematik.
Bob beat his father at chess.	B. schlug seinen Vater beim Schachspiel.

5. bei, über (einer Arbeit, Tätigkeit etc.):

The man was at his work till late in the evening.	Der Mann war bis spät abends über seiner Arbeit.

6. (Art und Weise, Zustand):

> **Idioms:**
>
> *At all* **überhaupt** (in Fragesätzen od. negativ):
>
> | | |
> |---|---|
> | *I don't like her at all.* | Ich mag sie überhaupt nicht. |
> | *This car is no good at all.* | Dieses Auto taugt überhaupt nichts. |
> | *Thank you for your help. – Oh, not at all!* | Danke für deine Hilfe. – Oh, nichts zu danken (od. nicht der Rede wert)! |
>
> *At ease* **a) behaglich, gemütlich; b) ruhig; c) entspannt:**
>
> | | |
> |---|---|
> | *This news will set her at ease.* | Diese Nachricht wird sie beruhigen. |
> | *I felt ill at ease in this room.* | Ich fühlte mich in diesem Zimmer unbehaglich (od. nicht wohl). |
> | *Stand at ease!* | (Militär:) Rührt euch! |
>
> *At least* **a) mindestens; b) wenigstens, zumindest:**
>
> | | |
> |---|---|
> | *These shoes cost £150 at least.* | Diese Schuhe kosten mindestens 150 Pfund. |
> | *Did you at least warn him?* | Hast du ihn wenigstens gewarnt? |
>
> *At length* **a) letztlich, schließlich, zu guter Letzt; b) ausführlich:**
>
> | | |
> |---|---|
> | *At length he arrived, apologizing for being late.* | Schließlich kam er und entschuldigte sich, weil er spät dran war. |

She spoke at length.	Sie sprach lange.

At rest a) ruhig, unbeweglich, in Ruhe; b) schlafend; c) tot:

His words set my mind at rest.	Seine Worte beruhigten mich.
Children are never really at rest.	Kinder sind niemals ganz ruhig.
He is now at rest.	a) Er ist jetzt ganz ruhig.
	b) Er schläft (od. ruht) jetzt.
	c) Er ruht jetzt in Frieden (= ist tot).
At first we thought this meant nothing.	Zuerst dachten wir, das hätte nichts zu bedeuten.
Here they are at last!	Endlich sind sie da!
The riders came up to us at a gallop.	Die Reiter kamen im Galopp auf uns zu.

7. (Grund):
a) über, auch: **auf:**

The boy was astonished [happy, surprised] at his success.	Der Junge war erstaunt [glücklich, überrascht] über seinen Erfolg.
Sheila was angry at her boyfriend.	S. war ärgerlich über (od. böse auf) ihren Freund.
Don't laugh at me!	Lach nicht über mich! (od. Lach mich nicht aus!)

b) über, von, bei:

The woman was frightened at the sight.	Die Frau war über diesen Anblick entsetzt.

8. (Z.)
a) um (eine bestimmte Zeit):

The men came at 8 o'clock [at noon, at midnight].	Die Männer kamen um 8 Uhr [mittags, um Mitternacht].

b) an, zu (einem Fest):

Our grandchildren will be here at Christmas [Easter].	Unsere Enkelkinder werden an (od. zu) Weihnachten [Ostern] hier sein.

Idioms:

We left at dawn [at night].	Wir gingen bei Tagesanbruch [nachts] fort.
She married at the age of 22.	Sie heiratete mit (od. im Alter von) 22 Jahren.

9. für, zum Preis von:

I bought this coat at £85.	Ich habe diesen Mantel für 85 Pfund gekauft.

before

1. (R.)
a) vor (... her):
They went before us. — Sie gingen vor uns (her).
b) vor (bei Angabe der Lage; hier wird meist in *front of* bevorzugt):
There is a lawn before the house. — Vor dem Haus ist eine Rasenfläche.

2. (Z.) vor (einem Zeitpunkt):
Caesar died in the year 44 BC (= before Christ). — Cäsar starb im Jahr 44 vor Christus.
Wash your hands before dinner. — Wasch dir vor dem Essen die Hände!

> **Idioms:**
> *Your letter arrived the day before yesterday.* — Dein Brief kam vorgestern an.
> *My sister will be here before long.* — Meine Schwester wird bald hier sein.
> *I have never seen him before now.* — Ich habe ihn bis jetzt nie gesehen.

3. (B.)
a) vor, in Anwesenheit (von):
Don't discuss such things before the children. — Sprich nicht vor den Kindern über solche Dinge!
b) vor (nach Rang, Reihenfolge etc.):
B comes before C in the alphabet. — B kommt im Alphabet vor C.

⚠ Unterscheide davon:

I. adv.
1. (R.) vorn; voran, voraus:
Who went before? — Wer ging voraus?

2. (Z.) vorher, früher:
Times are no longer as they were before. — Die Zeiten sind (auch) nicht mehr wie früher.
I had never seen this man before. — Ich hatte diesen Mann vorher nie gesehen.

II. cj.
1. (Z.) bevor, ehe:
Their mother came back before they had finished their work. — Ihre Mutter kam zurück, bevor (od. ehe) sie mit der Arbeit fertig waren.

2. (B.) eher (od. **lieber**) ..., **als dass** ...:
He will starve before he will steal. — Lieber verhungert er, als dass er stiehlt.

behind

1. (R.) hinter:
There's an orchard behind the house. — Hinter dem Haus ist ein Obstgarten.
I can see you! Don't hide behind that tree! — Ich kann dich sehen! Versteck dich nicht hinter dem Baum dort!
When I looked behind me, I saw a large dog. — Als ich mich umschaute, sah ich einen großen Hund.

2. (B.)
a) hinter (jemandem als Unterstützung):
The Prime Minister had a large majority behind him. — Der Premierminister hatte eine große Mehrheit hinter sich.

b) hinter ... zurück, im Rückstand gegenüber (auch **Z.**):
She is behind other children of her age. — Sie ist hinter anderen Kindern ihres Alters zurück(geblieben).
This man was always behind the times. — Dieser Mann hinkte immer hinter seiner Zeit her.

c) (bei kultureller Hinterlassenschaft):

> **Idiom:**
> The Greeks left behind many witnesses to their culture. — Die Griechen hinterließen viele Zeugnisse ihrer Kultur.

d) hinter (= im Hintergrund von ... verborgen):
I'd like to know what's behind all this. — Ich wüsste gern, was hinter alldem steckt.

⚠ Unterscheide davon **adv.**:

1. (R.) a) hinten; dahinter(-), hinterher(-); b) zurück(-):
The children walked behind. — Die Kinder gingen hinterher.
Don't look behind! — Schau nicht zurück! (auch **B.**)

2. (B.) a) zurück(-), im Rückstand, hintennach(-) (auch **Z.**):
He didn't look behind when he left. — Er blickte nicht zurück, als er ging.
She was behind with her work. — Sie war mit ihrer Arbeit im Rückstand.

below

1. (R.)
a) unter, unterhalb:

He dived 100 ft. below sea level. Er tauchte 100 Fuß unter dem Meeresspiegel.

Don't write below this line! Nicht unter diese Zeile schreiben!

Idiom:
The sailors were [went] below deck. Die Matrosen befanden sich [gingen] unter Deck.

b) unterhalb, von ... fluss- (od. **strom)abwärts:**

There was a mill one mile below the bridge. Eine Meile unterhalb der Brücke war eine Mühle.

2. (B.)
a) unter (gradmäßig; dem Rang, der Würde, den Fähigkeiten nach):

The temperature was 10 degrees below freezing-point. Die Temperatur lag bei 10 Grad unter dem Gefrierpunkt.

His marks are far below average. Seine Noten sind weit unter (dem) Durchschnitt.

b) unwürdig (eines Menschen):

Idiom:
She thought manual labour below her. Sie hielt manuelle Arbeit für unter ihrer Würde.

⚠ Unterscheide davon **adv.**:

1. (dr)unten; (poetisch:) **a) auf Erden, hienieden, b) (drunten) in der Hölle:**

The rooms below are the living-room and the kitchen. Die Räume unten sind das Wohnzimmer und die Küche.

We must suffer many hardships as long as we live here below. Wir müssen viel Mühsal erleiden, solange wir hier auf Erden leben.

The fiends below. Die Geister der Hölle, die Höllengeister.

2. (weiter) unten (in einem Buch etc.):

See paragraph 19 below. Siehe weiter unten Absatz 19.

3. (Marine:) **unter Deck:**

The captain was [went] below. Der Kapitän befand sich [ging] unter Deck.

beneath

1. (R.) unter, unterhalb:

The sun sank beneath the horizon (veraltet od. literarisch).
Die Sonne versank hinter dem Horizont.

Look at the illustration but also read what is beneath them.
Schau die Zeichnungen an, aber lies auch, was darunter steht!

2. (B.) unwürdig (eines Menschen), ... **nicht wert:**

> **Idioms:**
> It was beneath her to accept money from her parents.
> Es war unter ihrer Würde (od. sie verschmähte es), Geld von ihren Eltern anzunehmen.
>
> Your behaviour is beneath contempt.
> Dein Benehmen ist unter aller Kritik.

⚠ Unterscheide davon **adv.**:

darunter(-); unterhalb, (weiter) unten:

The sky is above us and the earth beneath.
Der Himmel ist über uns und darunter (= unter ihm) die Erde.

beside

1. (R.) neben:

Nancy was sitting [sat down] beside her mother.
N. saß neben ihrer [setzte sich neben ihre] Mutter.

2. (B.)
a) im Vergleich zu, gemessen an:

Frank seems rather tall beside his brother.
F. ist im Vergleich zu seinem Bruder ziemlich groß.

b) außerhalb, nicht zu ... gehörend:

Leave that story out. It's beside the point.
Lass diese Erzählung weg! Sie gehört nicht zur Sache.

3. *Beside oneself* **außer sich, aus dem Häuschen:**

The children were beside themselves with joy.
Die Kinder waren vor Freude (ganz) aus dem Häuschen.

besides

außer, neben:
She has two ponies besides her horse. — Sie hat außer ihrem Pferd (noch) zwei Ponys.

There were five of us besides Kelly. — Außer K. waren wir zu fünft.

⚠️ Unterscheide davon **adv.**:

1. außerdem, überdies, ferner, zudem, im Übrigen:
We were very busy last week. Besides we had visitors from abroad. — Wir hatten letzte Woche viel zu tun. Außerdem hatten wir Besuch aus dem Ausland.

2. außerdem, sonst:
He knows his job but very little besides. — Er versteht seine Arbeit, aber sonst sehr wenig.

between

1. (R.)
a) zwischen (bei zwei Personen od. Sachen):
She was standing between her husband and her eldest son. — Sie stand zwischen ihrem Mann und ihrem ältesten Sohn.
Let's put a small table between the two beds. — Stellen wir ein Tischchen zwischen die zwei Betten!

b) (bei mehreren Personen od. Sachen:) → **among**.

2. zwischen (bei Verbindung zwischen zwei Endpunkten):
There is a passageway between the two houses. — Zwischen den beiden Häusern befindet sich ein Korridor.
The liner sails between Dover and Calais. — Das Linienschiff fährt zwischen Dover und Calais.

3. zwischen (zur Angabe einer Beziehung oder Verbindung):
The relationship between him and his son is rather difficult. — Die Beziehung zwischen ihm und seinem Sohn ist ziemlich schwierig.
There was a meeting between the foreign ministers of France and Italy. — Es fand ein Treffen der Außenminister Frankreichs und Italiens statt.

4. zwischen (auch **Z.**) (bei Angabe einer Begrenzung):
They walked between 10 and 15 miles every day. — Sie gingen jeden Tag zwischen 10 und 15 Meilen.

Don't disturb him between 12.30 and 14.30.	Stör ihn nicht zwischen 12.30 (Uhr) und 14.30 (Uhr).

5. unter, zwischen (bei gemeinsamem Besitz, gemeinsamer Tätigkeit):

They shared the money between them.	Sie teilten das Geld unter sich auf.
This is a secret between ourselves (od. between you and me).	Das ist ein Geheimnis zwischen uns beiden (od. dir und mir).
We had 80p between us.	Wir hatten zusammen 80 Pence.
The children finished the work between them.	Die Kinder brachten die Arbeit gemeinsam zu Ende.

⚠ Unterscheide davon **adv.**:

(R., Z.) dazwischen(-), zwischendrin:

Is there enough space left in between?	Ist genug Zwischenraum gelassen?

betwixt

veraltet od. literarisch für **between**.

beyond

1. (R.) jenseits:

We saw the town beyond the lake.	Wir sahen die Stadt jenseits des Sees (liegen).

2. (Z.) über ... hinaus, länger als (bis):

He can't see beyond the present.	Er kann nicht über die Gegenwart hinaussehen.
Don't stay out beyond 11 o'clock!	Bleib nicht länger weg als bis 11 Uhr!

3. (B.)
a) über (... hinaus); höher (od. **weiter, mehr) als:**

I will pay nothing beyond the stated price.	Ich werde nichts über den festgesetzten Preis hinaus bezahlen.

Idioms:

She is beyond all blame.	Sie ist über jeden Tadel erhaben.
These facts are beyond dispute.	Diese Tatsachen sind unbestreitbar.
His behaviour is beyond endurance.	Sein Benehmen ist unerträglich.
The patient is beyond hope.	Für den Patienten gibt es keine Hoffnung mehr.

The team won beyond their hopes.	Die Mannschaft gewann höher als sie erhofft hatte.
They live beyond their income.	Sie leben über ihre Verhältnisse.
Such reasoning is beyond me.	Solche Gedankengänge sind mir zu hoch.
His father was furious beyond measure.	Sein Vater war maßlos wütend.

b) außer, abesehen von:

She had nothing to live on beyond her small pension. — Außer ihrer kleinen Rente hatte sie nichts zum Leben.

His son got his legitimate portion and nothing beyond (that). — Sein Sohn bekam seinen Pflichtteil und sonst nichts.

 Unterscheide davon **adv.**:

1. jenseits, dahinter:

The monastery and the mountains beyond were hardly visible. — Das Kloster und die Berge dahinter waren kaum zu sehen.

2. weiter (weg):

They went along the lake and beyond to a small village. — Sie gingen am See entlang und weiter zu einem kleinen Dorf.

but

außer, abgesehen von, bis auf:

They all had come but him [but one]. — Alle außer ihm [bis auf einen] waren gekommen.

My parents live in the next house but one [but two]. — Meine Eltern wohnen im übernächsten [drittnächsten] Haus.

His horse came in last but one [but two]. — Sein Pferd kam als Vorletztes [Drittletztes] ins Ziel.

She was the first but one [but two]. — Sie war die Zweite [Dritte].

 Unterscheide davon:

I. cj.

1. aber, jedoch:

I wanted to read the book but had no time. — Ich wollte das Buch lesen, aber ich hatte keine Zeit dazu.

2. sondern (hervorhebend):
It's not Walter but (it's) his brother.
Es ist nicht W., sondern (es ist) sein Bruder.

3. außer, als:
What else could we do but laugh?
Was konnten wir tun als lachen?

4. ohne dass:
She never comes to us but she has some news in store.
Sie kommt nie zu uns, ohne dass sie eine Neuigkeit auf Lager hat.

II. adv.
1. (Z.) erst, gerade:
She arrived but half an hour ago.
Sie kam erst vor einer halben Stunde an.

2. nur, noch:
Tommy is but a child.
T. ist ja nur (od. noch) ein Kind.

3. immerhin, wenigstens:
Do but try!
Versuch es doch wenigstens einmal!

by

1. (R.)
a) (nahe) bei (od. **an**), **in der Nähe (von); neben:**
She was standing by the fireside.
Sie stand am Kamin.
Sit down by my side!
Setz dich neben mich (od. zu mir)!
Have you got a dictionary by you?
Hast du ein Wörterbuch in der Nähe (od. zur Hand)?

b) durch, über, an ... vorbei (od. **entlang**)**:**
The canoe passed by the bridge.
Das Kanu fuhr an der Brücke vorbei.

She has to go by the Town Hall every morning.
Sie muss jeden Morgen am Rathaus vorbeigehen.
Do you happen to come by Oxford Street?
Kommst du zufällig in der Nähe der Oxford Street vorbei?

c) → **via.**

2. (Z.)
a) bei, während:
There was much noise by day and by night.
Bei Tag und (bei) Nacht (od. tagsüber und nachts) herrschte viel Lärm.

b) bis (zu od. **um):**

Can you be here by 9 o'clock [by tomorrow]?	Kannst du bis 9 Uhr [bis morgen] hier sein?

3. bei, an (bezogen auf Körperteile):

Charlie took his little sister by the hand and trotted off.	C. nahm seine kleine Schwester bei der Hand und trabte davon.

4. von (einem Urheber, Verfasser, Gründer etc.):

"Animal Farm" is a well-known novel by George Orwell.	„Animal Farm" ist ein bekannter Roman von George Orwell.
St. Paul's Cathedral was designed by Christopher Wren.	Die Paulskathedrale wurde von Christopher Wren entworfen.
Susan made the cake all by herself.	S. hat den Kuchen selber (od. selbst, ganz allein) gebacken.

5. von, gelegentlich: **durch** (zum Ausdruck des Passivs):

The first prize was won by a student.	Der erste Preis wurde von einem Studenten gewonnen (= den ersten Preis gewann ein Student).
He was killed by his enemy [a bullet].	Er wurde von seinem Feind [einer Kugel] getötet.
The house was wrecked by an earthquake.	Das Haus wurde durch ein Erdbeben zerstört.

6. durch, mit, mit Hilfe von, mittels:

The submarine is propelled by atomic power.	Das U-Boot wird durch Atomkraft angetrieben.
Try to keep things in mind by writing them down.	Versuch dir die Dinge zu merken, indem du sie aufschreibst!
Shall we go by bus or by train?	Fahren wir mit dem Bus oder mit dem Zug?

Idioms:

She learned the poem by heart.	Sie lernte das Gedicht auswendig.
This happened { by accident; by chance; by mistake.	Das geschah { unabsichtlich, zufällig; zufällig; aus Versehen, versehentlich.

Präpositionale Wendungen:

BY + Subst. + OF:

by means of	mittels, durch,
by order of	auf Befehl (von),
by virtue of	aufgrund (von), kraft, vermöge,

by way of:	a) **(R.)** (auf dem Wege) über,
	b) *by way of example* beispielsweise,
	c) *by way of exception* ausnahmsweise,
	d) *by way of excuse* als (od. zur) Entschuldigung.

7. gemäß, nach:

I know the gentleman by name [sight].	Ich kenne den Herrn dem Namen [dem Aussehen] nach.
What time is it by your watch?	Wie spät ist es nach deiner Uhr?
We shouldn't judge by appearances.	Wir sollten nicht nach dem äußeren Anschein urteilen.

Idioms:

She is rather timid by nature.	Sie ist von Natur aus ziemlich schüchtern.
This house ought to be ours by rights.	Dieses Haus sollte rechtmäßig (od. von Rechts wegen) uns gehören.

8. (je) nach (bei Mengenangaben); *by the ...* oft: **...weise:**

Freight is charged by the weight.	Die Frachtgebühr wird (je) nach Gewicht berechnet.
Cloth is sold by the metre.	Stoff wird meterweise verkauft.
Their work is paid by the piece [by the hour].	Ihre Arbeit wird stückweise [stundenweise] bezahlt.

9. (Mathematik):
a) mit (bei Multiplikation):

Six multiplied by five is thirty.	Sechs mal fünf ist dreißig. [6 x 5 = 30]

b) durch (bei Division):

Sixteen divided by two is eight.	Sechzehn geteilt durch zwei ist acht. [16 : 2 = 8]

c) zu, mal (zur Angabe des Größenverhältnisses):

We lived in a room 25 ft. by 36.	Wir wohnten in einem 25 zu (od. mal) 36 [25 x 36] Fuß großen Zimmer.

10. um, bei (in Vergleichen).

Tom is taller than Bob by 4 in.	T. ist um 4 Zoll größer als B.
This picture is better by far.	Dieses Bild ist bei weitem besser.
The inflation rate went up by 4 %.	Die Inflationsrate stieg um 4 %.

11. um, für (zur Wiederholung):

She did her duty day by day.	Sie tat Tag um Tag (od. tagtäglich) ihre Pflicht.

Idioms:
Little by little we realized our mistake. — Nach und nach (be)merkten wir unseren Fehler.
You can learn the language step by step. — Du kannst die Sprache Schritt für Schritt (od. schrittweise, stufenweise) lernen.

12. gegen(über), auch: an:
She did her best by her family. — Sie tat ihr Bestes gegenüber ihrer Familie.

13. By the way, by the by(e) **übrigens:**
By the way, did you see my sister? — Hast du übrigens meine Schwester gesehen?

⚠ Unterscheide davon **adv.:**

1. (R.) a) dabei(-), daneben(-); b) vorbei(-):
He was standing close by when the house exploded. — Er stand ganz dicht dabei (od. gleich daneben), als das Haus explodierte.

He ran by without noticing me. — Er rannte vorbei, ohne mich zu bemerken.

2. (B.) beiseite(-), weg(-):
Put these strawberries by for tomorrow! — Heb diese Erdbeeren für morgen auf!

despite

trotz:
She helped her son despite her financial troubles. — Sie half ihrem Sohn trotz ihrer finanziellen Schwierigkeiten.

down

1. ... herunter (od. herab); ... hinunter (od. hinab):
The old man plodded down the stairs [= downstairs]. — Der alte Mann ging mühsam die Treppe hinunter.
They went down the hill [= downhill]. — Sie gingen den Hügel hinunter.
The mountaineer fell down a precipice. — Der Bergsteiger stürzte in einen Abgrund.

We went down the Rhine.	Wir fuhren rheinabwärts.
Regensburg is on the Danube; Passau is further down the river.	R. liegt an der Donau; P. liegt weiter strom- (od. fluss)abwärts.

2. (eine Straße etc.) **hinunter, entlang:**

The children ran down the street.	Die Kinder rannten die Straße entlang.

3. unten in (bei Angabe der Himmelsrichtung):

They are living down south.	Sie leben (tief) unten im Süden.

⚠ Unterscheide davon:

I. adv. (vor allem die Grundbedeutungen)

1. herunter(-), herab(-); hinunter(-), hinab(-); nieder(-), ab(-):

Be careful when you climb down.	Sei vorsichtig, wenn du heruntersteigst!
She fell down and broke her arm.	Sie fiel hin und brach sich den Arm.
Prices have come down.	Die Preise sind gefallen.
Their house burnt down.	Ihr Haus brannte nieder (od. ab).

2. (dr)unten (bes. im Hause):

They had a party down in the basement.	Sie feierten (dr)unten im Keller eine Party.

3. bei **durch ... hindurch** (verstärkend):

This has been so down through the ages.	Das war zu allen Zeiten (od. immer schon) so.

II. die Bedeutungen von *down* als **adj./p.**, z. B.

The sun is down already.	Die Sonne ist schon untergegangen.
Harvey is down with the flu.	H. liegt mit Grippe im Bett.
He is completely down and out today.	Er ist heute völlig erledigt.

during

während (nur **prp.!**):

Thieves were here during the night.	Diebe waren während der Nacht hier.
Food was rationed during the war.	Lebensmittel waren während des Krieges rationiert.

except

außer, mit Ausnahme (von):
We get up very early except on weekends.
→ **except for** (S. 73).

Wir stehen sehr früh auf, außer am Wochenende.

for

1. für (einen künftigen Empfänger):
Here's letter [a present, good news] for you.
She made some coffee for us.
Would you save these stamps for me?

Hier ist ein Brief [ein Geschenk, eine gute Nachricht] für dich.
Sie machte Kaffee für uns.
Würdest du diese Briefmarken für mich aufheben?

2. für, zugunsten (von):
Are you for or against this proposal?

Her love of truth speaks for her.

Bist du für oder gegen diesen Vorschlag?
Ihre Wahrheitsliebe spricht für sie.

> **Idiom:**
> *The witness stood up for the defendant.*

(B.) Der Zeuge trat für den Angeklagten ein.

3. (Verwendung, Zweck, Absicht):
a) zu, für, als:
These apples are for cooking only.

We had eggs for breakfast.
He stayed with us for dinner.
They had ice cream for dessert.

Die Äpfel sind nur zum Kochen (geeignet).
Wir hatten Eier zum Frühstück.
Er blieb bei uns zum Abendessen.
Zum (od. Als) Nachtisch aßen sie Eis.

> **Idioms:**
> *This pencil is good for nothing.*
> *What is this knife for?*
>
> *They went for a walk [went for a ride, went for a swim].*

Dieser Bleistift taugt nichts.
Wozu (od. Wofür) dient dieses Messer?
Sie gingen spazieren [ritten aus, gingen zum Schwimmen].

4. nach (einem Bestimmungsort):
Our plane for London started at 14.35.

Unser Flugzeug nach London startete um 14.35.

| *Are there any passengers for Rome?* | Sind hier Reisende (bes.: Fluggäste) nach Rom? |

Idiom:
| *They made (od. set out) for home.* | Sie machten (od. begaben) sich auf den Heimweg. |

5. auf (etwas Erwartetes, Erhofftes):
| *Don't wait for us.* | Wartet nicht auf uns! |
| *We hoped for success, but in vain.* | Wir hofften auf einen Erfolg, aber umsonst. |

Idiom:
| *Let's hope for the best!* | Hoffen wir das Beste! |

6. nach (bei Suche, Ausschau):
| *I looked out for Anne [for a new house].* | Ich hielt Ausschau nach A. [(**B.**) nach einem neuen Haus]. |
| *They asked for Mr Miller.* | Sie fragten nach Herrn M. |

Idioms:
He fished for salmon.	Er fischte Lachse.
Lucy was longing for home.	L. hatte Sehnsucht nach Hause.
The partents sent for the doctor.	Die Eltern ließen den Arzt holen.

7. (Grund):
a) für, wegen (auch bei Belohnung od. Strafe):
He was famous for his jokes.	Er war berühmt für seine Witze.
The author got a prize for his novel.	Der Autor bekam einen Preis für seinen Roman.
They were both sent to prison for burglary.	Sie kamen beide wegen Einbruchdiebstahl ins Gefängnis.

b) vor, aus, wegen, aufgrund (von):
I couldn't see anything for the fog.	Ich konnte wegen des Nebels (od. vor Nebel) nichts sehen.
Sometimes we don't see the wood for the trees. (Sprichwörtlich)	Manchmal sehen wir den Wald vor lauter Bäumen nicht.
She couldn't say a word for fear [joy].	Sie konnte vor Angst [Freude] kein Wort sagen.
For this reason they were not able to be here on time.	Aus diesem Grund (od. deshalb) konnten sie nicht rechtzeitig hier sein.

c) um, wegen, hinsichtlich, in Bezug auf:
| *She is very anxious for her health.* | Sie ist um ihre Gesundheit sehr besorgt. |
| *They asked us for help.* | Sie baten uns um Hilfe. |

> **Idiom:**
> *They were hard up for money.*   Sie waren in Geldschwierigkeiten.

d) für, um ... willen:
He did it for his parents.   Er tat es für seine Eltern.

Präpositionale Wendung:
FOR + Subst. + OF:
For the sake of, for ...'s sake   um ... willen

8. für, namens, im Namen (von):
Let me say this for all my colleagues.   Lassen Sie mich dies im Namen aller meiner Kollegen sagen.

9. (Entgelt):
a) für, um (einen Preis):
I bought the book for £ 6.   Ich kaufte das Buch für 6 Pfund.
b) für, gegen (ein Entgelt, bei Tausch):
He swapped some of his stamps for a model car.   Er tauschte einige seiner Briefmarken gegen ein Modellauto ein.

10. für (bei Verwechslung):
We all took him for an American.   Wir hielten ihn alle für einen Amerikaner.

11. für, statt, an Stelle (von):
Her neighbour did the shopping for her.   Ihre Nachbarin ging für sie einkaufen.

> **Idiom:**
> *The letters BC stand for "before Christ".*   Die Buchstaben BC bedeuten „before Christ".

12. (R.) ... weit:
They had walked for miles.   Sie waren meilenweit gelaufen.

13. (Z.)
a) für, auf:
My mother came to see us for a week.   Meine Mutter kam für (od. auf) eine Woche zu uns.
b) ... lang:
The session lasted for hours.   Die Sitzung dauerte stundenlang.
c) (schon) seit:
George has been here for an hour.   G. ist (schon) seit einer Stunde hier.

14. für, um (bei Wiederholungen):
He translated word for word.   Er übersetzte Wort für Wort (od. wortwörtlich).

15. trotz:

Idiom:
For all that, I still like her. — Trotz alledem mag ich sie noch.

from

1. (R.)
a) von (... her); aus:
They came from the airport. — Sie kamen vom Flughafen.
When does the train from Liverpool arrive? — Wann kommt der Zug aus Liverpool an?
They went from London to Edinburgh. — Sie fuhren von London nach Edinburgh.

b) von ... weg (od. **entfernt**):
The town is three miles from the coast. — Die Stadt ist drei Meilen von der Küste entfernt.

2. (B.) von (... an), ab (auch **Z.**):
We have dinner sets from £20 (upwards). — Wir haben Speiseservice ab 20 Pfund.
Office hours are from 9 to 12.30. — Geschäftszeit ist von 9 bis 12.30 (Uhr).
He will be away from June 1 [from 10 o'clock]. — Er ist vom 1. Juni an [ab 10 Uhr] weg.

Idiom:
I have known her from childhood. — Ich kenne sie von Kind auf.

3. von (einem Absender, Spender etc.):
She got a letter [the watch] from her husband. — Sie bekam einen Brief [die Uhr] von ihrem Mann.

4. von (... weg) (bei Wegnahme):

Idiom:
Somebody took the money from my purse. — Jemand stahl mir das Geld aus dem Geldbeutel.
Take that knife (away) from the child. — Nimm dem Kind das Messer weg (od. ab)!

5. aus (einem bestimmten Material):
Steel is made from iron. — Stahl wird aus Eisen hergestellt.

6. (Quelle, auch **B.**):
a) von aus:

They drew water from a well.	Sie schöpften Wasser aus einem Brunnen.
We drank wine from crystal glasses.	Wir tranken Wein aus Kristallgläsern.
There are many quotations from Shakespeare in or book.	In unserem Buch sind viele Zitate von Shakespeare.

b) nach, entsprechend:

From what his mother told me, Bob is ill.	Nach dem, was (od. Wie) mir seine Mutter erzählte, ist B. krank.
Judging from what he says, he seems to be an important man.	Nach dem zu urteilen, was er sagt, scheint er ein wichtiger Mann zu sein.

7. von (... aus); aus (...heraus) (bei Ursache, Grund):

This may be true from his point of view.	Das mag von seinem Standpunkt aus stimmen.
He did it from a sense of duty.	Er tat es aus Pflichtgefühl.

8. an (einer Krankheit, als Todesursache [siehe auch *of*]):

His father suffers from rheumatism.	Sein Vater leidet an Rheuma.
He died from his injuries.	Er starb an (od. erlag) seinen Verletzungen.

in

1. (R.)
a) in (auf die Frage „wo?"):

She was lying in her bed.	Sie lag in ihrem Bett.
We live in London [in High Street].	Wir wohnen in London [in der Hauptstraße].

Idioms:

They spent a weekend in the country.	Sie verbrachten ein Wochenende auf dem Lande.
The farmers are in their fields.	Die Bauern sind auf ihren Feldern.
Are the children playing in the street?	Spielen die Kinder auf der Straße?
There are no stars in the sky.	Es sind keine Sterne am Himmel.

b) in (bes. bei intensiver Bewegung statt *into* auch auf die Frage „wohin"?):

Put your handkerchief in your pocket.	Steck dein Taschentuch in die Tasche!
He threw the letter in the fire.	Er warf den Brief ins Feuer.

Auch:
Go in the house!   Geh ins Haus!
Come in the water with us!   Komm mit uns ins Wasser!

Idiom:
She broke the plate in two.   Sie brach den Teller entzwei.

2. (Z.)
a) in:
Sir Winston Churchill died in (the year) 1965.   Sir Winston Churchill starb (im Jahr) 1965.
He arrived at 10 o'clock in the night. (vgl. S. 18, *at 8 b*)   Er kam um 10 Uhr in der Nacht an.
Such things shouldn't happen in the 20th century.   Solche Dinge sollten im 20. Jahrhundert nicht vorkommen.

b) an:
We must get up early in the morning.   Wir müssen früh am Morgen (od. morgens früh) aufstehen.
Do you often watch TV in the afternoon [in the evening]?   Siehst du am Nachmittag (od. nachmittags) [am Abend od. abends] oft fern?

c) in, nach (Ablauf von):
Can you return the book to me in a week?   Kannst du mir das Buch in einer Woche zurückgeben?

d) während, zur Zeit (von), unter:
In grandfather's time there weren't many cars.   Zu Großvaters Zeiten gab es nicht viele Autos.
The fact that many diseases are caused by bacteria was unknown in those days.   Die Tatsache, dass viele Krankheiten durch Bakterien verursacht werden, war zu jener Zeit unbekannt.
In his reign the country flourished.   Unter seiner Herrschaft blühte das Land (auf).

3. in (einer Art und Weise, Beschaffenheit, einem Zustand):
Are all the rooms in good order?   Sind die Zimmer alle in Ordnung?
They lived in great poverty.   Sie lebten in großer Armut.

Idioms:
50 soldiers were killed in action.   50 Soldaten fielen (im Kampf).
Please remind me of it in case I forget.   Bitte erinnere mich daran, falls ich es vergesse.
She was in complete despair after she (had) lost her purse.   Sie war völlig verzweifelt, nachdem sie den Geldbeutel verloren hatte.

He gave me a book and I gave him another in exchange.	Er gab mir ein Buch, und ich gab ihm dafür ein anderes.
The court decided in his favour.	Das Gericht entschied zu seinen Gunsten.
The teacher walked in front.	Der Lehrer ging voraus (od. an der Spitze).
His grandfather is 82 but still in good health.	Sein Großvater ist 82, aber noch bei guter Gesundheit.
Why are you in such a hurry?	Warum hast du es (denn) so eilig?
Sam and Grace are very much [had fallen] in love with each other.	S. und G. sind sehr [hatten sich] ineinander verliebt.
We must help those in need.	Wir müssen den Bedürftigen helfen.
He was in a rage about his damaged car.	Er war wütend über seinen kaputten Wagen.
This house is in good [bad] repair.	Dieses Haus ist in gutem [schlechtem] (baulichen) Zustand.
What can I give you in return?	Was kann ich dir dafür (od. als Gegenleistung) geben?
In a (od. some) way I dislike your smoking so many cigarettes.	In gewisser Hinsicht (od. Irgendwie) mag ich es nicht, dass du so viele Zigaretten rauchst.
You are in no way to blame for it.	Du bist in keiner Weise (od. keinesfalls, keineswegs) daran schuld.
In this way you'll succeed.	Auf diese Weise (od. So) wirst du Erfolg haben.

Präpositionale Wendungen:

IN + Subst. + FOR:
in exchange for	(als Entgelt) für,
in return for	(als Gegenleistung) für,

IN + Subst. + OF:
in aid of	(Spende etc.:) zugunsten (von),
in case of	im Falle (von),
in charge of	verantwortlich für, mit ... beauftragt,
in consequence of	infolge (od. zufolge) (von), wegen,
in consideration of	in Anbetracht (von), angesichts,
in default of	mangels, in Ermangelung (von),
in favour of	zugunsten (von),
in front of	a) **(R.)** vor,
	b) an der Spitze (von),
in honour of	zu Ehren (von),

in lieu of	statt, an Stelle (von),
in memory of	zur Erinnerung an,
in the middle of	mitten(drin) in, inmitten (von),
in need of	... bedürftig,
in respect of	hinsichtlich, was ... anbetrifft,
in search of	auf der Suche nach,
in spite of	→ *despite*,
in terms of	a) in Form (von),
	b) im Sinne (von), als,
	c) hinsichtlich,
	d) vom Standpunkt ... (aus gesehen),
in view of	im Hinblick auf, in Anbetracht (von), angesichts,
in the way of	hinsichtlich, was ... anbelangt.

IN + Subst. + TO:
in reply to — als Antwort auf, in Beantwortung.

IN + Stubst. + WITH:
in accordance with	in Übereinstimmung mit, gemäß,
in common with	gemeinsam mit,
in conformity with	in Übereinstimmung mit, gemäß,
in line with	in Übereinstimmung (od. im Einklang) mit.

4. im, mit, mit Hilfe (von), durch (bei Angabe von Material, Ausdrucksmitteln, Medium etc.):

The statue was cast in bronze.	Das Standbild war in Bronze gegossen.
He wrote the letter in ink [pencil].	Er schrieb den Brief mit Tinte [Bleistift].
She addressed the delegates in her best English.	Sie hielt vor den Delegierten eine Rede in ihrem besten Englisch.
Tell me in a few words what you could see.	Erzählen Sie mir in (od. mit) wenigen Worten, was Sie sehen konnten!

Idioms:

What is this in German?	Wie heißt das auf Deutsch?
Read what is typed in italics.	Lies (das), was kursiv gedruckt ist.
I prefer painrings in oils to paintings in water colours.	Ich ziehe Ölgemälde Aquarellen vor.
We'll put that down in writing.	Wir werden das schriftlich niederlegen.

5. in (einer bestimmten Kleidung):
The woman was dressed in rags.   Die Frau war in Lumpen gekleidet.

Idiom:
He was a prince in disguise.   Er war ein verkleideter Prinz.

6. bei (einem Schriftsteller), **in** (einem Buch):
I read this quotation in a work of   Ich habe dieses Zitat bei G. B. Shaw
G. B. Shaw's [in his latest novel].   [in seinem neuesten Roman]
  gelesen.

7. nach, gemäß:
In my opinion she didn't tell us the   Meiner Meinung nach hat sie uns
truth.   nicht die Wahrheit gesagt.

8. in, zu (bei Zahlen, Maßangaben):
They came in dozens.   Sie kamen zu Dutzenden
  (od. dutzendweise).

There are herring in great numbers [in   Es gibt vor der Küste Heringe in
small quantities] off the coast.   großer Anzahl [in kleinen Mengen].

9. in, bei, an (bei Zugehörigkeit, Beteiligung etc.):
He is in the army.   Er ist beim Militär.
Mr Carpenter is a shareholder in the   Herr C. ist Aktionär (bei) der
company.   Gesellschaft.
We took part in the discussion.   Wir nahmen an der Diskussion teil.

Idiom:
I heard rumours about their marriage.   Ich hörte gerüchtweise von ihrer
Is there anything in it?   Heirat. Ist daran etwas (Wahres)?

⚠ Unterscheide davon **adv.**:

1. innen, drinnen:
His sheepskin coat has the woolly side   Sein Schaffellmantel hat die
in.   wollene Seite innen.

2. zu Hause; auch: **im Zimmer:**
Mr Black isn't in.   Herr B. ist nicht zu Hause.

3. da, angekommen:
Is the train from Dover in yet?   Ist der Zug aus Dover schon da?

4. herein(-), hinein(-):
The door is locked. I can't get in.   Die Tür ist zugesperrt. Ich kann
  nicht hinein(gelangen).

Idiom:
This is a very in pub.   Diese Kneipe ist gerade sehr in.

inside

1. (dr)innen in, innerhalb:
She waited inside the house till the thunderstorm was over.

Sie wartete (drinnen) im Haus, bis das Gewitter vorüber war.

2. (hinein/herein) in:
The dog is so dirty. Don't let him inside the room.

Der Hund ist so schmutzig. Lass ihn nicht ins Zimmer (od. rein).

⚠ Unterscheide davon **adv.**:

1. (dr)innen, im Haus, auch: **daheim, zu Hause:**
Sibyl had a cold and had to stay inside.   S. war erkältet und musste zu Hause (od. drinnen) bleiben.

2. hinein(-), herein(-); nach (dr)innen:
It's cold out here. Let's go inside!   Hier draußen ist es kalt. Gehen wir hinein!

into

1. (R., Z. u. B.) (hinein/herein) in:
We went into the house.   Wir gingen in das Haus (hinein).
Off they go into the wide world.   Nun gehen (od. fahren) sie hinaus in die weite Welt.

He got himself into debt [trouble].   Er geriet in Schulden [Schwierigkeiten].

Idioms:
John burst into tears when Lilly left him.   J. brach in Tränen aus, als L. ihn verließ.
She worked far into the night.   Sie arbeitete bis spät in die Nacht.

2. in, zu (bei Zustandsveränderung):
Freezing-point is the temperature at which water turns into ice.

Der Gefrierpunkt ist die Temperatur, bei der sich Wasser in Eis verwandelt.

Can you change a ten-pound note into small coin?

Kannst du eine Zehnpfundnote in Kleingeld umwechseln?

Translate this passage into German.	Übersetze diesen Abschnitt ins Deutsche!
Caterpillars turn into butterflies.	Raupen verwandeln sich in Schmetterlinge (od. werden zu Schmetterlingen).

Idioms:

Peter has grown into a tall young man.	P. ist zu einem großen jungen Mann herangewachsen.
Eve turned her bracelet into cash.	E. machte ihr Armband zu Geld.

3. in (bei Teilung; auch Mathematik, beim Dividieren):

She divided the apple into four parts.	Sie teilte den Apfel in vier Teile.
7 into 28 goes four times.	7 geht in 28 viermal.

like

(so) wie, gleich:

Hazel is like her mother.	H. ist wie ihre Mutter (od. gleicht ihrer Mutter).
He acted like a gentleman.	Er handelte wie ein Gentleman.

Idioms:

You must do it like this (od. *that*).	Du musst es so machen!
Don't behave like an idiot!	Benimm dich nicht so idiotisch!
I didn't feel like walking so far.	Mir war nicht danach zumute (od. ich hatte keine Lust), so weit zu gehen.

notwithstanding

trotz:

Notwithstanding her cleverness she didn't see the trick.	Trotz ihrer Klugheit durchschaute sie den Trick nicht.

of

1. von (allgemein):

Eat some of these apples!	Iss ein paar von diesen Äpfeln!

2. (zur Bezeichnung des Genitivs):

Stephen ist the son of a lawyer.	S. ist der Sohn eines Rechtsanwalts.

The boy tried to seize the tail of the dog.	Der Junge versuchte, den Schwanz des Hundes zu packen.

3. (häufige Wiedergabe durch eine deutsche Wortzusammensetzung):

Mr X is our Minister of Finance.	Herr X ist unser Finanzminister.
We are no great eaters of fish.	Wir sind keine großen Fischesser.

4. (als Apposition; das *of* wird im Deutschen nicht ausgedrückt):

During their holiday they visited the city of York,	Während ihres Urlaubs besuchten sie die Stadt York,
the University of Oxford,	die Universität Oxford,
the Isle of Wight.	die Insel Wight.
We had much rain in the month of June.	Wir hatten im Monat Juni viel Regen.
The name of Brown is very common.	Der Name B. kommt sehr häufig vor.

5. (bei Maßangaben; das *of* bleibt im Deutschen unübersetzt):

She bought a pound of beef.	Sie kaufte ein Pfund Rindfleisch.
Mark drank two pints of beer.	M. trank zwei Halbe Bier.
We had a lot of fun.	Wir hatten eine Menge Spaß.

6. von (... weg od. **entfernt)** (bei Entfernung von einem Ziel):

The little village was situated six miles east of Chester.	Das Dörfchen lag sechs Meilen östlich von Chester.

7. (bei Loslösung, Trennung, Befreiung, Wegnahme etc.):
a) von (od. gen.):

The trees were bare of leaves.	Die Bäume waren ohne Blätter (od. entlaubt).
Somehow we must dispose of this rubbish.	Irgendwie müssen wir diesen Müll loswerden.
The doctor cured her of her asthma.	Der Arzt heilte sie von ihrem Asthma.
The farmer rid his barn of rats.	Der Bauer befreite seine Scheune von Ratten.
This news relieved her of her anxiety.	Diese Nachricht befreite sie von (od. erlöste sie aus) ihrer Angst.
A thief robbed her of her handbag.	Ein Dieb beraubte sie ihrer (od. raubte ihr die) Handtasche.

b) um (bei Wegnahme, Betrug, Verlust):

The pedlar cheated the woman of £3.	Der Hausierer betrog die Frau um drei Pfund.
His cares robbed him of his sleep.	Seine Sorgen brachten ihn um (od. raubten ihm) den Schlaf.

8. von, aus (bei Angabe der Herkunft):

This is Mr Watson of London.	Das ist Herr W. aus London.
She comes of a good family.	Sie kommt aus einer guten Familie.

9. (Teil, Auswahl):
a) von (od. gen.), **unter:**

John is one of my friends.	J. ist einer meiner Freunde.

> **Idioms:**
> | | |
> |---|---|
> | *He is a friend of mine.* | Er ist ein Freund von mir. |
> | *You of all people needn't laugh!* | (ironisch:) Ausgerechnet du hast es nötig zu lachen! |

b) (nach Superlativen; im Deutschen durch **von** od. Genitiv ausgedrückt):

He ist the most fanatic of them all.	Er ist von ihnen allen der fanatischste.
This was the most dangerous of our enemies.	Das war der gefährlichste unserer Feinde.

10. mit, von (bei Angabe von Eigenschaften):

Tim was a man of courage.	T. war ein Mann mit Mut (od. ein mutiger Mann).
Catherine is a girl of seventeen.	C. ist ein Mädchen von 17 Jahren.

11. von aus (bei Angabe von Stoff, Material etc.):

These knives are made of stainless steel.	Diese Messer sind aus rostfreiem Stahl (hergestellt).

12. von (bei Angabe der Art und Weise):

It was very unwise of him to move from here.	Es war sehr unklug von ihm, von hier fortzuziehen.

13. von, über (ein Thema; bei Gespräch); **an** (bei Denken, Erinnerung):

Was that the man we spoke of?	War das der Mann, von dem wir sprachen?
I didn't for one moment think of John as a possible accomplice.	Ich habe überhaupt nicht an John als möglichen Komplizen gedacht.
We had no remembrance of this event.	Wir erinnerten uns nicht an dieses Ereignis.

14. (Grund, Ursache):
a) vor:

Don't be afraid of the horse.	Hab keine Angst vor dem Pferd!

b) an (einer Krankheit):

Her mother died of pneumonia.	Ihre Mutter starb an Lungenentzündung.

c) auf:
She was proud of her famous son. — Sie war stolz auf ihren berühmten Sohn.
He is envious of his brother. — Er ist neidisch auf seinen Bruder.

d) über, wegen:
Aren't you ashamed of your bad behaviour? — Schämst du dich nicht wegen deines schlechten Benehmens?

15. (Z.)
a) Idioms:
What do you do of a fine summer's evening? — Was machen Sie (machst du) an schönen Sommerabenden?
He told the children stories from days of old (od. literarisch *yore*). — Er erzählte den Kindern Geschichten aus (ur)alten Zeiten.

b) (Am. F) vor, „bis", „auf":
It was six minutes of nine. — Es war sechs Minuten vor (od. „bis", „auf") neun.

16. Unterscheide:
a) zu (als „genitivus objectivus"):
Richard's love of his parents isn't too great. — Richards Liebe zu seinen Eltern ist nicht allzu groß.

b) (als „genitivus subjectivus"; im Deutschen ausgedrückt durch Genitiv):
Don't underestimate the love of your parents. — Unterschätze die Liebe deiner Eltern nicht!

off

1. von (... weg, ab, herunter):
She climbed off her horse. — Sie stieg vom Pferd ab.
He took her coat off her shoulders. — Er nahm ihr den Mantel von den Schultern.
Cut a slice of bread off the loaf for yourself. — Schneid dir eine Schnitte Brot vom Laib ab!
We ate our dinner off paper-plates. — Wir aßen unser Abendessen von Papptellern.
She took five tins of runner beans off the shelf. — Sie nahmen fünf Dosen grüne Bohnen vom Regal.

2. weg von, abseits (von):
The children wandered through many lanes far off the main road. — Die Kinder strolchten durch viele Gassen, die weitab von der Hauptstraße lagen.

Idioms:
This place is rather off the map. (F) — Dieser Ort liegt ziemlich hinter dem Mond.

You seem to be a little off balance [off form] today. — Du bist heute anscheinend ein bisschen aus dem Gleichgewicht [außer Form].

3. auf der Höhe (von), vor (zur Angabe der Küstenlage):
They sailed three miles off the Norwegian coast. — Sie fuhren drei Meilen vor der norwegischen Küste.

4. weg (od. **frei**) **von:**

Idiom:
We're off duty today. — Wir haben heute dienstfrei.

⚠ Unterscheide davon:

I. adv.:

1. fort(-), weg(-), davon(-):
Why are you running off? — Warum rennst du davon?

2. (dienst-, arbeits)frei:
May I take two days off? — Kann ich zwei Tage freinehmen?

II. die Bedeutungen von *off* als **adj./p.**, z. B.:
The town is still some miles off. — Die Stadt ist noch ein paar Meilen entfernt.

The whole thing is off. — Die ganze Sache ist abgeblasen.
She was badly [well] off. — Es ging ihr (bes. finanziell) schlecht [gut]. (od. Sie war arm [reich].)

(→ auch **on II [adj./p.]** S. 50)

on

1. (R.)
a) auf (einer Unterlage), auch **in:**
He was lying on [lay down on] his couch. — Er lag auf seiner [legte sich auf seine] Couch.
The teacups are on [She put the teapot on] the table. — Die Teetassen sind auf dem [Sie stellte die Teekanne auf den] Tisch.
There are carpets on the floor. — Auf dem Boden liegen Teppiche.
Put a hat on your head! — Setz einen Hut auf!

The French live on the Continent.	Die Franzosen leben auf dem Kontinent.
You'll find the new words on page 173 [on the blackboard].	Ihr findet die neuen Wörter auf S. 173 [auf (od. an) der Tafel].
They sat on the grass with their picknickbasket.	Sie saßen mit ihrem Picknickkorb im Gras.

> **Idioms:**
> | | |
> |---|---|
> | *Put this photo on top!* | Leg dieses Foto obenauf (od. zuoberst)! |
> | *Why on earth didn't you ask us?* | Warum, um Himmelswillen, hast du uns nicht gefragt? |

Präpositionale Wendung:
ON + Subst. + OF:

On top of	(oben) auf.

b) auf (= getragen von):

The ducks are floating on the water.	Die Enten schwimmen auf dem Wasser.

c) (festgemacht od. **unmittelbar) an;** auch: **in, bei:**

This dog must be kept on a chain.	Dieser Hund muss an der Kette gehalten werden.
There are pictures on the walls.	An den Wänden sind Bilder.
A fly is on the ceiling.	Eine Fliege ist an der Decke.
The boy had pimples on his face [a blister on his foot].	Der Junge hatte Pickel im Gesicht [eine Blase am Fuß].
She had a wedding-ring on her finger.	Sie hatte einen Ehering am Finger.
I have no money on me.	Ich habe kein Geld bei mir.
The village is situated on the coast [frontier].	Das Dorf liegt an der Küste [Grenze].

> **Idioms:**
> | | |
> |---|---|
> | *The sailors were on board (their ship).* | Die Matrosen waren an Bord (ihres Schiffes). |
> | *We went on foot [went on horseback].* | Wir gingen zu Fuß [ritten]. |
> | *The miners crept along the gallery on all fours.* | Die Bergleute krochen auf allen vieren den Stollen entlang. |
> | *Who was on the phone?* | Wer war am Telefon? |
> | *What's on TV tonight?* | Was gibt's heute Abend im Fernsehen? |

d) auf (... herunter/hinunter); auf (... zu), (hin) zu, an (bei Angabe von Richtung od. Ziel); **auf (... los, zu), gegen** (feindlich):

She threw the plate on the floor.	Sie warf den Teller auf den Boden (hinunter).
The sun shone on the mountains.	Die Sonne schien auf die Berge (herunter).
The ball hit him on the head.	Der Ball traf ihn am (od. auf den) Kopf.
He dealt the burglar a blow on the chin.	Er gab dem Einbrecher einen Schlag ans Kinn.
The enemy troops were marching on [made an attack on] the town.	Die feindlichen Truppen marschierten auf die Stadt zu [machten einen Angriff auf die Stadt].

Idiom:

The father turned his back on his son.	a) Der Vater wandte seinem Sohn den Rücken zu.
	b) **(B.)** Der Vater kehrte seinem Sohn den Rücken (= wandte sich von ihm ab).

e) an (einem Fluss):

Paris is situated on the Seine (River).	Paris liegt an der Seine.
Shakespeare was born at Stratford-on-Avon.	Shakespeare wurde in Stratford am Avon geboren.

2. (Z.)

a) an (einem Tag):

She'll come to see us on Sunday.	Sie wird am Sonntag zu uns zu Besuch kommen.
Offices are closed on Saturdays.	Die Ämter sind samstags geschlossen.
She had a baby on July 21st.	Sie bekam am 21. Juli ein Kind.

b) bei (einer Gelegenheit), **zu** (einem Zeitpunkt):

They were at the airport on their uncle's arrival.	Sie waren bei der Ankunft ihres Onkels am Flughafen.

Idioms:

On entering the room I was astonished to see her.	Als ich das Zimmer betrat, war ich erstaunt, sie zu sehen.
Try to be here on time.	Versuche, rechtzeitig hier zu sein!

3. (Grund, Veranlassung):
a) auf (... hin), auch: **aus:**

I took the medicine on my doctor's advice.	Ich nahm die Medizin auf Anraten meines Arztes.

> **Idioms:**
>
> | | |
> |---|---|
> | *They arrested him on a charge of theft.* | Sie verhafteten ihn wegen Diebstahls. |
> | *I've got this news on good authority.* | Ich habe diese Nachricht aus zuverlässiger Quelle. |
> | *He was forbidden to leave the town on pain of death.* | Es war ihm bei Todesstrafe verboten, die Stadt zu verlassen. |
> | *On hearing these reasons I must admit you are right.* | Angesichts dieser Sachlage gebe ich zu, dass du recht hast. |

Präpositionale Wendungen:
ON + Subst. + OF:

on account of	um ... willen, wegen,
on the authority of	im Auftrag od. mit Genehmigung (von),
on behalf of	a) zugunsten (von), b) im Auftrag (von), c) namens, im Namen (von),
on the occasion of	bei Gelegenheit (von), gelegentlich,
on the strength of	kraft, aufgrund (von).

b) zu (einem Anlass), **anlässlich:**

Let me congratulate you on your birthday!	Darf ich dir zum Geburtstag gratulieren!

4. bei (zur Angabe der Zugehörigkeit):

She's on the committee for the care of the aged.	Sie ist im Ausschuss für Altenpflege.
He's on our technical staff.	Er ist bei (od. gehört zu) unserem technischen Stab.

5. in, auf, zu (bei Angabe des Zustandes, der Art und Weise etc.):

> **Idioms:**
>
> | | |
> |---|---|
> | *Foodstuffs are cheaper here on average.* | Durchschnittlich (od. Im Durchschnitt) sind die Lebensmittel hier billiger. |
> | *He saw me on business.* | Er besuchte mich geschäftlich. |
> | *We are here on a visit.* | Wir sind hier zu (od. auf) Besuch. |
> | *I bought this old chair on the cheap.* | Ich habe diesen alten Stuhl billig gekauft. |

The doctor isn't on duty, he is on holiday.	Der Arzt ist nicht im Dienst. Er hat (od. ist in) Urlaub.
The soldier was on leave.	Der Soldat hatte (od. war in) Urlaub.
May I have your atlas on loan?	Kann ich deinen Atlas leihweise haben?
His firm is on sale.	Seine Firma steht zum Verkauf.
They got married on the sly.	Sie haben heimlich geheiratet.
The actors are on tour.	Die Schauspieler sind auf Tournee.

6. auf (jemandem, etwas; als drückende Last):

He could hardly carry the load which lay on him.	Er konnte kaum die Last tragen, die auf ihm lag.
There are heavy taxes on coffee.	Auf Kaffee liegen hohe Steuern.

Idiom:

This noise is a strain on our nerves.	Dieser Lärm ist eine Belastung für unsere Nerven.

7. über (ein Thema; z. B. eines Gesprächs, einer Vorlesung, eines Vortrags):

They came to an agreement on the time of their departure.	Sie einigten sich über ihre Abfahrtszeit.
We talked on several subjects.	Wir plauderten über Verschiedenes.
What's your opinion on this topic?	Was meinen Sie zu diesem Thema?
He gave us a lecture on some contemporary poet.	Er hielt uns einen Vortrag über (irgend)einen zeitgenössischen Dichter.

8. auf, über, um (zur Angabe einer Aufeinanderfolge):

Flowers on flowers rained down upon the actress.	Blumen über Blumen regneten auf die Schauspielerin herab.

⚠ Unterscheide davon:

I. adv.
1. auf(-), an(-); darauf(-), daran(-):

Has she got her glasses on?	Hat sie ihre Brille auf?
Put your coat on!	Zieh deinen Mantel an!
Keep your hat on!	Behalt den Hut auf!

2. weiter(-):

She went on till she came to an old cabin.	Sie ging weiter, bis sie zu einer alten Hütte kam.
If you go (od. *carry*) *on like this, you'll never finish work.*	Wenn du so weitermachst, wirst du nie mit der Arbeit fertig.

II. die Bedeutungen von *on* als **adj./p.**, z. B.:

The central heating is on.	Die Heizung ist an.
"on – off"	(Schalter:) „Ein – Aus", (Hahn etc.:) „Auf – Zu"

onto

→ *on to*

opposite

gegenüber:
They live opposite the City Hall. — Sie wohnen gegenüber dem Rathaus.

⚠ Unterscheide davon **adv.**:

gegenüber, vis à vis:
The man living opposite is a famous author. — Der Mann, der gegenüber wohnt, ist ein berühmter Schriftsteller.

outside

(draußen) vor, außerhalb:
Outside the church, friends and relations were waiting to congratulate the young couple. — Draußen vor der Kirche warteten Freunde und Verwandte, um dem jungen Paar zu gratulieren.
This the most famous national park outside the USA. — Das ist der berühmteste Nationalpark außerhalb der USA.

⚠ Unterscheide davon **adv.**:

1. (dr)außen, außerhalb:
The family had dinner outside in the garden. — Die Familie aß draußen im Garten.

2. hinaus(-), nach (dr)außen:
Let's go outside into the garden! — Gehen wir hinaus in den Garten!

over

1. (R.)
a) über:

There was a lamp hanging over the table.	Eine Lampe hing über dem Tisch.
A blanket is lying over the bed.	Über dem Bett liegt eine Decke.
The balcony juts out over the terrace.	Der Balkon ragt über die Terrasse heraus.
They held an umbrella over the President's head.	Sie hielten einen Schirm über den Kopf des Präsidenten.

b) über, jenseits (von):

He was curious to see the lands over the sea.	Er war neugierig, die Länder in Übersee zu sehen.

Idiom:

They live in a house over the way.	Sie leben in einem Haus gegenüber.

c) über (... weg od. hinüber) (bei Angabe von Richtung od. Bewegung):

The horse jumped over the fence.	Das Pferd sprang über das Hindernis (weg).
The smugglers had gone over the frontier.	Die Schmuggler waren über die Grenze gegangen.
Several bridges span over the Rhine at Cologne.	Mehrere Brücken spannen sich in Köln über den Rhein.

d) überall in:

The rumour spread all over the town [all over the country].	Das Gerücht verbreitete sich in der ganzen Stadt [im ganzen Land].

2. (Z.) über, während:

Our friends stayed with us over the weekend [over night].	Unsere Freunde blieben über das Wochenende [über Nacht] bei uns.

3. über, bei (einer Tätigkeit etc.):

How long are you going to be sitting over your work?	Wie lange wirst du über deiner Arbeit sitzen?
We talked about all our problems over a glass of wine.	Wir besprachen alle unsere Probleme bei einem Glas Wein.

Idiom:

You should go over your notes again.	Du solltest deine Aufzeichnungen nochmals durchgehen.

4. über (bei Herrschaft, Vormacht, Sieg etc.):

... *long to reign over us* ... (aus der engl. Nationalhymne).	... lange über uns zu regieren ...
He triumphed over his competitors.	Er triumphierte über seine Konkurrenten.
The chairman presides over the meeting.	Der Vorsitzende führt das Präsidium in der Versammlung.
A fit of anger came over her.	Ein Wutanfall überkam sie.

5. über, mehr als; (Z.) auch: a) länger als, b) älter als:

The river is over 200 miles long.	Der Fluss ist über 200 Meilen lang.
She stayed with us (for) over a week.	Sie blieb über eine Woche (lang) bei uns.
He is over ninety (years old).	Er ist über neunzig (Jahre alt).

Idiom:

Waiters get tips over and above their wages.	Kellner bekommen Trinkgelder zusätzlich zu ihrem Gehalt.

6. über, wegen, betreffs:

He was worried over his mother's poor health.	Er machte sich Sorgen über den schlechten Gesundheitszustand seiner Mutter.

⚠ Unterscheide davon **adv.**:

1. (R.)
a) hinüber(-), d(a)rüber(-); b) herüber(-); c) drüben:

Here's a wall. Can you climb over?	Hier ist eine Mauer. Kannst du hinüberklettern?
Come over to us!	Komm herüber zu uns!
Do you see that man over there?	Siehst du den Mann dort drüben?

2. (Z.) vorüber, vorbei, aus, zu Ende:

The meeting was over at 12 o'clock.	Die Sitzung war um 12 Uhr zu Ende.

3. darüber (hinaus), mehr:

Children of 10 and over were admitted.	Kinder von 10 Jahren und darüber (= ab 10 Jahre[n]) waren zugelassen.

4. übrig, „über":

Nothing was left over.	Nichts blieb übrig.

5. übertrieben, über ...:

He was not over(-)polite.	Er war nicht überhöflich (od. ironisch: nicht gerade höflich).

6. über ..., um ... (in Verbverbindungen):

They handed the money over to us.	Sie übergaben uns das Geld.
She painted the ugly spots over.	Sie übermalte die hässlichen Flecken.
The boy was run over by a car.	Der Junge wurde von einem Auto überfahren.
He turned the pages over for the pianist.	Er blätterte für den Pianisten die Noten um.

past

1. (R.) an ... vorbei (od. **vorüber):**

Every day she went past the station. — Jeden Tag ging sie am Bahnhof vorbei.

His arrow went past the mark. — Sein Pfeil ging am Ziel vorbei.

2. (Z.) nach:

It's (a) quarter past [half past] six. — Es ist Viertel nach sechs (Uhr) [halb sieben (Uhr)].

3. (B.) über (... hinaus) (auch **Z.):**

She can't be past 30. — Sie kann nicht über 30 (Jahre alt) sein (oder nicht älter als 30 sein).

Idioms:

This is past belief [past comprehension]. — Das ist unglaublich [unbegreiflich].

This man is past hope. — Für diesen Mann gibt es keine Hoffnung mehr.

I wouldn't put it past him to accept the money. — Ich traue es ihm zu, dass er das Geld annimmt.

⚠ Unterscheide davon **adv.**:

vorbei(-), vorüber(-):

The bus goes past once an hour. — Der Bus fährt alle Stunde einmal vorbei.

per

pro, je:

They pay £60 per week for the flat. — Sie bezahlen für die Wohnung 60 Pfund pro Woche.

| *The speed limit here is 30 mph (= miles per hour).* | Die Geschwindigkeitsbegrenzung liegt hier bei 30 Meilen pro Stunde. |

Idiom:
| *He did the job as per instructions.* | Er führte die Arbeit gemäß den Anweisungen (od. den Anweisungen zufolge) aus. |

round

Umgangssprachlich gerne gleichgesetzt mit *around*. (Das a- wird einfach verschluckt.) Bei strengerer Trennung bedeutet *around* mehr "*here and there*" oder "*in every direction*" (= herum od. umher in) und *round* mehr "*in a circular motion*" (= im Kreis od. rundherum um). Im Am. wird anstatt *round* meist *around* verwendet.

1. (rund) um:
There's a fence round the yard.	(Rund) Um den Hof läuft ein Zaun.
The planets move round the sun.	Die Planeten kreisen um die Sonne.
Francis Drake sailed round the world.	F. Drake umsegelte die Welt.
They are back from their voyage round the world.	Sie sind von ihrer Reise um die Welt (od. Weltreise) zurück.

Idiom:
| *We slept round the clock.* | Wir schliefen rund um die Uhr (= 24 Stunden). |

2. um (... herum) (bei Angabe eines Mittelpunktes):
| *They were sitting round the table.* | Sie saßen um den Tisch herum. |
| *The children gathered round their mother.* | Die Kinder scharten sich um ihre Mutter. |

3. um (... herum) (bei Angabe einer Richtungsänderung):
| *A policeman went round the corner.* | Ein Polizist bog um die Ecke. |
| *The baker's is just round the corner.* | Der Bäckerladen ist gleich um die Ecke. |

4. in (od. auf) ... herum:
| *We showed (od. took) our guests round the house.* | Wir führten unsere Gäste im Haus herum. |

5. (B.) etwa, um; (Z.) auch: gegen:
We are ready to pay somewhere round £600. | Wir sind bereits, so etwa 600 Pfund zu zahlen.

⚠ Unterscheide davon **adv.**:

1. rings-, rund(her)um; um(-), herum(-):
The wheels go round. | Die Räder drehen sich (herum).
When I turned round [looked round], I saw Mrs Fisher. | Als ich mich umdrehte [umschaute], sah ich Frau F.

2. rund(her)um, in der Runde, im Umkreis; herum(-):
Pastries were passed round. | Gebäck wurde herumgereicht.

3. (B.) etwa, um:
Come round about 7 o'clock. | Komm so gegen 7 Uhr!

since

seit: (Als **prp.** nur in der Bedeutung „von einem bestimmten Zeitpunkt ab"):
He has been living here since April 1990. | Er wohnt hier schon seit April 1990.
She has been ill since that time. | Sie ist seitdem krank.

⚠ Unterscheide davon:

I. cj.
1. seit(dem):
How long has it been since I last saw you! | Wie lange ist es her, seit(dem) ich dich zum letzten Mal gesehen habe!

2. nachdem, da:
Since it was raining, she took an umbrella with her. | Da es regnete, nahm sie einen Schirm mit.

II. adv.
seitdem, seither:
They returned to Boston and have lived (od. have been living) there ever since. | Sie kehrten nach Boston zurück und wohnen seitdem dort.
He went to Australia and has never been heard of since. | Er ging nach Australien, und seitdem hörte man nie mehr etwas von ihm.

through

1. (R.)
a) durch (... hindurch):

The burglars came in through the window.
Die Einbrecher kamen durch das (od. zum) Fenster hinein.

She passed a comb through her hair.
Sie fuhr sich mit einem Kamm durch das Haar.

He pushed his way through the crowd.
Er bahnte sich seinen Weg durch die Menge.

b) durch, in:

They searched through the whole house for the child.
Sie durchsuchten das ganze Haus nach dem Kind.

2. (Z.)
a) ... hindurch (od. lang):

We danced through the night.
Wir tanzten die ganze Nacht hindurch.

He lived in Rome through all his life.
Er lebte sein ganzes Leben lang in Rom.

b) (Am.) **(von ...) bis:**

Offices are open Monday through (auch: F thru) Friday.
Die Ämter sind von Montag bis Freitag geöffnet.

3. (B.) durch (... hindurch); bis zum (od. **an das**) **Ende (von); am Ende (von):**

Did he get through the exam?
Ist er durchs Examen gekommen?

We watched the house go through several building-stages.
Wir beobachteten die Entstehung des Hauses durch verschiedene Stadien hindurch.

Idiom:
You can't deceive me. I've seen through your tricks.
Du kannst mich nicht täuschen. Ich habe deine Tricks durchschaut.

4. durch, mittels:

The facts are represented here through statistics.
Die Fakten sind hier statistisch dargestellt.

5. durch, infolge (od. **zufolge**) **(von):**

This accident happened through no fault of hers.
Dieser Unfall geschah nicht durch ihre Schuld.

⚠ Unterscheide davon **adv.**:

1. durch(-):
The train goes through to Bristol. Der Zug fährt bis Bristol durch.
Did you get through? (Im Examen od. am Telefon:) Bist du durchgekommen?

2. zu (od. **am) Ende, fertig(-):**
Have you read the letter through? Hast du den Brief (schon) zu Ende gelesen (od. fertiggelesen)?

throughout

1. (R.) überall in:
The author soon became famous throughout the whole country. Der Schriftsteller wurde bald (überall) im ganzen Land berühmt.

2. (Z.) während, ... hindurch, ... lang:
The wound which he had received in the war troubled him throughout his life. Die Verwundung, die er im Krieg erlitten hatte, machte ihm sein ganzes Leben lang zu schaffen.

⚠ Unterscheide davon **adv.**:

durch und durch, ganz und gar, völlig:
This apple is rotten throughout. Dieser Apfel ist völlig faul.

thru

Am. F. für **through**.

till

(Gleichbedeutend mit *until*, jedoch häufiger gebraucht als dieses)

1. (Z.) bis:
They played football till 6 o'clock. Sie spielten bis 6 Uhr Fußball.
She is busy from morning till night. Sie ist von morgens bis abends beschäftigt.
Goodbye till tomorrow morning! Auf Wiedersehen bis morgen früh!

Idioms:
I didn't know about it till now [till then].
Ich wusste es bis jetzt (od. bisher) [bis dahin] nicht.
I didn't hear of it till yesterday.
Ich habe erst gestern davon gehört.

2. (Z.) bis zu:
We waited till his return.
Wir warteten bis zu seiner Rückkehr.

⚠ Unterscheide davon **cj.**:

(Z.) bis:
Won't you stay here till the rain has stopped?
Willst du nicht hierbleiben, bis der Regen aufgehört hat?

to

1. (R.) (Ziel, Richtung):
a) zu:
I met Peter on my way to the station.
Ich traf P. auf dem Weg zum Bahnhof.
Could you go to the supermarket for me?
Könntest du für mich zum Supermarkt gehen?
The children went to bed at ten o'clock.
Die Kinder gingen um 10 Uhr zu Bett.

b) nach:
Will you go to London this year?
Wirst du in diesem Jahr nach London fahren?
The car turned to the right [left].
Das Auto bog nach rechts [links] ab.

c) bis (zu od. nach, auf) (auch B.):
I read the book from the beginning to the end.
Ich las das Buch von Anfang bis Ende.
There were still 2 miles to Oxford [to the nearest petrol station].
Es waren noch 2 Meilen bis (nach) Oxford [bis zur nächsten Tankstelle].
We were wet to the skin.
Wir waren bis auf die Haut durchnässt.

d) an:
The horse was tied to a post.
Das Pferd war an einem Pfosten angebunden.
Let's put the poster to the door!
Hängen wir das Poster an die Türe!

He fastened the mirror to the wall. — Er befestigte den Spiegel an der Wand.

They were standing back to back. — Sie standen Rücken an Rücken.

e) in, zu:
The children went to school [church]. — Die Kinder gingen in die (od. zur) Schule [Kirche].

f) auf:
The cup fell [She threw the plate] to the ground. — Die Tasse fiel [Sie warf den Teller] auf den (od. zu) Boden.
They go to university. — Sie gehen auf die Universität.
He pointed to the house beyond the street. — Er deutete auf das Haus jenseits der Straße.

g) vor:
I take my hat off to you. — a) Ich ziehe vor Ihnen den Hut.
b) **(B.)** Hut ab!, Meine Hochachtung!

h) (F) **in:**
Have you ever been to Canada? — Waren Sie schon einmal in Kanada?

2. (Z.)
a) bis:
The restaurant is open from Monday to Saturday [from morning to night, from 6 to 11 p.m.]. — Das Restaurant ist von Montag bis Samstag [von morgens bis abends, von 18 bis 23 Uhr] geöffnet.

b) bis zu:
Did you stay to the end of the concert? — Bist du bis zum Ende des Konzerts geblieben?

Idiom:
I haven't seen such a thing to this day. — So etwas habe ich bis auf den heutigen Tag noch nicht gesehen.

c) zu (zum Ausdruck des Anwachsens):
His pain grew worse from minute to minute. — Seine Schmerzen wurden von Minute zu Minute schlimmer.

3. (B.: Richtung, Ziel; Zweck, Wirkung):
a) zu:
They invited us to dinner. — Sie luden uns zum (Abend)Essen ein.
Is this the key to your trunk? — Ist das der Schlüssel zu deinem Koffer?
They prayed to God for rain. — Sie beteten zu Gott um Regen.
He was sentenced to death. — Er wurde zum Tode verurteilt.
Sally has a tendency to laziness. — S. hat einen Hang zur Faulheit.

To my surprise [astonishment] my wife was not yet at home.	Zu meiner Überraschung [meinem Erstaunen] war meine Frau noch nicht zu Hause.

Idioms:

When it came to the point she was ready to help us.	Als es darauf ankam, war sie bereit, uns zu helfen.
His answer was to the purpose.	a) Seine Antwort war (zu)treffend. b) Seine Antwort war sachdienlich (od. gehörte zur Sache).
This is all to no purpose.	Das hat alles keinen Sinn. Das ist alles zwecklos (od. umsonst).
Her father came to our rescue.	Ihr Vater kam uns zu Hilfe.

b) an:

Did you address the letter to Nancy or to her parents?	Hast du den Brief an N. oder an ihre Eltern adressiert?
There's nothing to it.	Daran ist nichts Besonderes.

c) auf:

Let's drink to our host.	Trinken wir auf unseren Gastgeber!

Idiom:

Here's to you(r health)!	Auf deine Gesundheit!, Prosit!

d) für:

Flowers are pleasant to the eye.	Blumen erfreuen (= sind erfreulich für) das Auge.
Her symptoms were alarming to the doctor.	Ihre Symptome waren für den Arzt alarmierend.

e) in:

He took the radio set to pieces.	Er zerlegte den Radioapparat (in seine Einzelteile).

f) gegen(über), zu:

You should change your attitude [be more polite] to him.	Du solltest dein Verhalten ihm gegenüber ändern [höflicher zu ihm sein].
Her husband is blind to her faults.	Ihr Mann ist blind gegenüber ihren Fehlern.
Our father was deaf to our entreaties.	Unser Vater war taub gegen unsere Bitten.

4. (übersetzt durch deutsches Dativobjekt, bes. bei Nachstellung des indirekten Objekts):

Richard sent a letter to his girl-friend.	R. schickte seiner Freundin einen Brief.

Take these newspapers to your parents, please.	Bring diese Zeitungen bitte deinen Eltern!
He was always faithful to his wife.	Er war seiner Frau immer treu.
She was a good mother to her children.	Sie war ihren Kindern eine gute Mutter.
These facts were known to a few only.	Diese Tatsachen waren nur wenigen bekannt.
Who did you give the parcel to? seltener: *To whom did you give the parcel?*	Wem hast du das Päckchen gegeben?
I prefer pears to apples.	Ich mag Birnen lieber als Äpfel.
She seemed rather excited to me.	Sie (er)schien mir ziemlich aufgeregt.

5. um zu (zum Ausdruck von Absicht od. Folge):

We took a taxi (in order) to catch our plane.	Wir nahmen ein Taxi, um unser Flugzeug noch zu erreichen.
He disappeared never to come back again.	Er verschwand, um nie mehr zurückzukommen.

Beachte den Unterschied:

We stopped to drink a cup of coffee.	Wir hielten an, um eine Tasse Kaffee zu trinken.
He stopped drinking.	Er hörte auf zu trinken.

6. nach, gemäß:

This wine isn't to my taste.	Dieser Wein ist nicht nach meinem Geschmack.
To my mind she's an unhappy woman.	Meinem Gefühl (od. Empfinden) nach ist sie eine unglückliche Frau.

7. (Verhältnis, Vergleich):
a) zu, auch: **gegen:**

This is nothing to what happened recently.	Das ist nichts gegen das, was neulich passierte.
The score is 2 to 1.	Das Spiel steht 2 zu 1 [2 : 1].
I bet ten to one he won't come.	Ich wette 10 gegen (od. zu) 1, dass er nicht kommen wird.

b) auf, pro je:

This car does only 20 miles to the gallon.	Dieses Auto fährt nur 20 Meilen auf eine (od. pro) Gallone.
You get about 1.5 euros to the pound.	Man bekommt pro (od. je) Pfund etwa 1,5 Euro.

8. (zur Bezeichnung des Infinitivs):
a) (unübersetzt):
Would you like to stay with us? — Möchtest du bei uns bleiben?
b) (mit Andeutung eines aus dem Vorhergehenden zu ergänzenden Infinitivs):
I don't want to go home, but I have to. — Ich möchte nicht heimgehen, aber ich muss.

c) (substantiviert):
To err is human. — Irren ist menschlich.
d) zu (wenn übersetzt):
The birds began to sing. — Die Vögel fingen zu singen an.
She was ready to take the job. — Sie war bereit, die Stelle anzunehmen.

9. (statt eines verkürzten Nebensatzes):
I could weep to think of her. — Ich könnte weinen, wenn ich an sie denke.

Dave was the first [last] to arrive. — D. war der Erste [Letzte], der ankam. D. kam als Erster [Letzter] an.

To be honest, I don't like beer very much. — Um ehrlich zu sein (od. Ehrlich gesagt) ich mag Bier nicht sehr gern.

⚠ Unterscheide **adv.**:

1. zu (= geschlossen:
He pulled the door to behind him. — Er zog die Tür hinter sich zu.

2. hin(-); dahinter(-), daran(-):
We must set to. — Wir müssen uns daranmachen (od. „dahinterklemmen").

3. zu sich, zu Bewusstsein:
The first-aid men tried to bring him to. — Die Sanitäter versuchten, ihn wieder zu sich zu bringen.

toward(s)

1. (R.) auf ... zu, (hin) nach:
He came toward her and greeted her. — Er kam auf sie zu und begrüßte sie.
Our hotel room was looking toward the sea. — Unser Hotelzimmer hatte Blick aufs Meer.

2. (Z.) gegen, auf (... zu):

It was somewhat toward 6 o'clock when they arrived at home.

Es war gegen (od. Es ging auf) 6 Uhr, als sie daheim ankamen.

3. (B.) gegen(über):

We got to feel their hatred toward foreigners.

Wir bekamen ihren Hass gegen Fremde (oder ihren Fremdenhass) zu spüren.

4. um (... willen), hinsichtlich, zum Zweck (von):

All their efforts toward peace were in vain.

Alle ihre Bemühungen um einen Frieden (od. ihre Friedensbemühungen) waren umsonst.

under

1. (R.)
a) unter:

The dog is lying asleep under the table.

Der Hund liegt unter dem Tisch und schläft.

Put the larger plates under the smaller ones.

Stell die größeren Teller unter die kleineren!

Idiom:
Shall we send the documents under separate cover?

Sollen wir die Dokumente mit getrennter Post schicken?

b) unter (... hindurch) (bei Richtungsangabe):
The canoeists passed under the bridge.

Die Kanufahrer fuhren unter der Brücke durch.

c) unterhalb (od. am Fuße, zu Füßen) (von):
The village nestles under high mountain ranges.

Das Dorf schmiegt sich zu Füßen hoher Bergketten hin.

2. (B.) unter:
a) (Gewicht, Last, Verpflichtung, Verdacht etc.):
The country broke down under the load of taxation.

Das Land brach unter der Steuerlast zusammen.

Idioms:
She is under obligation to help her friends.

Sie ist verpflichtet (od. hat die Pflicht), ihren Freunden zu helfen.

He came under suspicion of theft.

Er geriet in den Verdacht des Diebstahls.

b) (Befehl, Autorität, Leitung etc.):
The plant is under the management [supervision] of three directors.
He fought under Napoleon.
The orchestra played under the direction of X.

Die Fabrik steht unter der Leitung [Aufsicht] von drei Direktoren.
Er kämpfte unter Napoleon.
Das Orchester spielte unter der Leitung von X.

c) (Einwirkung, Einfluss):
She committed the crime under the influence of alcohol.

Sie beging das Verbrechen unter Alkohol(einfluss).

> **Idiom:**
> *The town was under fire for five days.*

Die Stadt lag fünf Tage unter Feuer (od. Beschuss).

d) (Ausrüstung etc.):

> **Idiom:**
> *The soldiers were under arms.*

Die Soldaten standen unter Waffen.

e) (Begleitumstände, Bedingungen):
Under these conditions I cannot agree to your proposal.

Unter diesen Bedingungen kann ich Ihrem Vorschlag nicht zustimmen.

> **Idioms:**
> *We will put up with such treatment under no circumstances.*
> *The question is still under discussion.*
>
> *The road is under repair.*

Wir werden uns eine solche Behandlung keinesfalls gefallen lassen.
Über die Frage wird noch diskutiert.
Die Straße wird ausgebessert.

f) (Kategorie, Datum, Name):
These books are listed under "geography and travel".
Look under "hotels" for the Hilton!

He published the novel under a pen-name.

Diese Bücher sind unter „Geographie und Reisen" aufgeführt.
Schlag unter „Hotels" nach, um das Hilton zu finden!
Er veröffentlichte den Roman unter einem Pseudonym.

3. unter (jemands Herrschaft); **(Z.)** auch **während, zu Zeiten (von)**:
England under Elizabeth I was a flourishing country.

England unter Elizabeth I. war ein blühendes Land.

4. unter (als Schutz od. Bewachung):
The minister travelled under the protection of some plain-clothes men. — Der Minister reiste im Schutze von einigen Polizisten in Zivil.

Idioms:
The troops attacked under cover of darkness [under cover of night]. — Die Truppen griffen im Schutze der Dunkelheit [im Schutze der Nacht] an.

5. bei, unter (von Vorlesungen etc.):
The student is reading biology under Professor X. — Der Student hört Vorlesungen über Biologie bei Professor X.

6. gemäß, nach, laut:
This isn't forbidden under the terms of the contract. — Das ist nach den Vertragsbedingungen nicht verboten.

7. unter, weniger (od. niedriger) als:
No tax was payable on incomes under £450. — Einkommen unter 450 Pfund waren steuerfrei.
It took me under an hour to tidy up the rooms. — Ich brauchte weniger als eine Stunde, um die Zimmer aufzuräumen.
They are all under 30 (years of age). — Sie sind alle unter 30 (Jahre alt).

Idiom:
Is he still under age? — Ist er noch minderjährig?

⚠ Unterscheide davon **adv.**:

1. unter(-):
The ship went under. — Das Schiff ging unter.

2. darunter, weniger:
These watches cost only £12 and under. — Diese Uhren kosten nur 12 Pfund und darunter (od. oder weniger).

underneath

unter:
The girls wore their bathing-suits underneath their dresses. — Die Mädchen hatten unter den Kleidern ihre Badeanzüge an.
She quickly put the suitcase underneath her bed. — Sie schob den Koffer schnell unter ihr Bett.

⚠️ Unterscheide davon **adv.**:

1. darunter:
He scraped some of the paint off the wardrobe to show the wood underneath.

Er kratzte etwas Farbe von dem Schrank ab, um das Holz darunter sehen zu lassen.

2. hinunter(-), herunter(-):
Take your suitcase off the table and put it underneath.

Nimm deinen Koffer vom Tisch und stell ihn darunter!

until

→ **till**. (Seltener als *till*; besonders dann verwendet, wenn dem Wort betonendes Gewicht gegeben werden soll; gern am Anfang eines Satzes gebraucht.)

(Z.) bis (zu):
It was cold from December until April.

Es war kalt vom Dezember bis zum April.

She was busy until long after her husband's return.

Sie war bis spät nach der Rückkehr ihres Mannes beschäftigt.

Until yesterday I had not known about it.

Bis gestern hatte ich nichts davon gewusst.

⚠️ Unterscheide davon auch hier **cj.**:

(Z.) bis:
We went on until it got dark.

Wir gingen weiter, bis es dunkel wurde.

up

1. (R.) auf (... hinauf), ... hinauf (od. empor):
The cat climbed up the tree.

Die Katze kletterte auf den Baum (hinauf).

She went up the stairs [= upstairs].

Sie ging die Treppe hinauf.

They walked up the hill (= uphill) [up the mountain].

Sie gingen den Hügel hinauf (= hügelan) [bergauf od. bergan].

The ship moved slowly up the river.

Das Schiff fuhr langsam flussaufwärts.

2. oben in (bei Angabe der Himmelsrichtung):
They are living up north.   Sie leben (hoch) oben im Norden.

⚠ Unterscheide davon:

I. adv. (vor allem die Grundbedeutungen):

1. auf(-), herauf(-), hinauf(-), hoch(-), empor(-); in die Höhe, nach oben, aufwärts:
He jumped up.   Er sprang auf (od. hoch).
Prices have gone up again.   Die Preise sind wieder angestiegen.

2. (dr)oben:
He stayed up in an alpine hut for several days.   Er blieb ein paar Tage oben in einer Berghütte.

II. die Bedeutungen von *up* als **adj./p.**, z. B.
Is she already up?   Ist sie schon auf?
The sun is up.   Die Sonne ist aufgegangen.
Time's up now. Let's go!   Es ist jetzt Zeit. Gehen wir!

upon

→ *on*.
(Besonders in der Umgangssprache ist *upon* weniger häufig als *on*.)
Gebräuchlich ist es jedoch an Stelle von *on*

1. in festen Redewendungen:
Upon this he was silent.   Hierauf (od. Daraufhin) schwieg er.
Once upon a time there was ...   Es war einmal ...
(Märchenanfang)

2. beteuernd, hervorhebend:
Upon my word (of honour), I will come back!   Bei meinem (Ehren)Wort, ich werde zurückkommen.

3. ... auf ..., ein ... nach dem anderen (bei Wiederholung):
He suffered loss upon loss.   Er erlitt einen Verlust nach dem anderen.

4. (am Satzende):
What is she sitting upon?   Worauf sitzt sie?
They can't be relied upon.   Man kann sich nicht auf sie verlassen.

via

via, (auf dem Weg) über (auch **B.**):

They went to London via Calais.	Sie fuhren über Calais nach London.
We are informed about what happens in the world via the mass media.	Wir werden (auf dem Wege) über die Massenmedien über das Weltgeschehen unterrichtet.

with

1. (zusammen) mit:

Do you go for a walk with me?	Gehst du mit mir spazieren?
Mix the butter well with the eggs.	Verrühre die Butter gut mit den Eiern!

2. mit:

a) (Inhalt, Last, Bedeckung etc.):

She filled a glass with wine.	Sie füllte ein Glas mit (od. voll) Wein.
The box was covered with a lid.	Die Kiste war mit einem Deckel zugedeckt.
The lorry was loaded with bricks.	Das Lastauto war mit Ziegelsteinen beladen.
The mountains we covered with snow.	Die Berge waren mit Schnee bedeckt.

b) (= mit Hilfe von, mittels):

She walked with a crutch.	Sie ging mit (Hilfe) einer Krücke.

c) (= besitzend, bekleidet od. versehen mit):

I bought a car with four-wheel drive.	Ich kaufte ein Auto mit Vierradantrieb.
Don't enter the room with your dirty boots on!	Geh nicht mit den schmutzigen Stiefeln ins Zimmer!

d) (Gleichartigkeit, Gleichzeitigkeit):

The shadow of the tree moves with the sun.	Der Schatten des Baumes wandert mit der Sonne.
We rose with the sun this morning.	Wir standen heute morgen bei Sonnenaufgang auf.

e) (Art und Weise):

The guests were received with pleasure.	Die Gäste wurden freudig (od. mit Freude) empfangen.

Idioms:
The horse won with ease. — Das Pferd gewann mit Leichtigkeit (od. leicht).

She told me with a smile on her face that she was soon going to be married. — Sie erzählte mir mit lächelndem Gesicht (od. lächelnd), dass sie bald heiraten würde.

Präpositionale Wendungen:
WITH + Subst. + TO:
with regard to — a) → *with respect to*,
b) hinsichtlich, bezüglich, was … anbetrifft,

with respect to — im Hinblick auf, hinsichtlich, in Anbetracht.

f) (= gegen):
The boys struggled with each other. — Die Jungen kämpften miteinander.

Idioms:
The Celts were at war with the Romans. — Die Kelten lagen mit den Römern im Krieg.
He fell out with his last friend. — Er zerstritt sich mit seinem letzten Freund.

3. bei:
Walter is living with his parents. — W. wohnt bei seinen Eltern.
Are you still working with your firm? — Arbeitest du noch bei deiner Firma?
We left the baby with granny. — Wir ließen das Baby bei der Oma.
I have no money with me. — Ich habe kein Geld bei mir.

4. *to go with* **übereinstimmen mit, passen zu:**
This green doesn't go with the blue of her dress. — Dieses Grün passt nicht zum Blau ihres Kleides.

5. (Ursache):
a) vor (bei Gefühlen, Empfindungen):
The woman was trembling with fear. — Die Frau zitterte vor Angst.
We were stiff with cold. — Wir waren starr vor Kälte.
b) an (einer Krankheit):
He was ill with flu. — Er war an Grippe erkrankt [od. hatte die Grippe].

6. an, bei, auf seiten (von):
It now rests with you to decide. — Jetzt ist es an dir zu entscheiden.

Idioms:
I'm with you if you go cycling. — Ich bin dabei (od. mache mit), wenn ihr Radfahren geht.

Come on! Be with us! — Los! Mach mit!

7. auf der Seite (von), für:
Are you with or against our proposal? — Bist du für oder gegen unseren Vorschlag?

8. bei, angesichts:
You can't go to bed with all this work undone. — Du kannst nicht zu Bett gehen bei all der ungetanen Arbeit.

within

(oft nur verstärktes *in* oder *into*)

1. (R.)
a) innerhalb (von), in:
The terrorists are no longer within the country. — Die Terroristen sind nicht mehr im Lande.

b) im Umkreis (von), innerhalb (von):
There wasn't a house within a mile — Im Umkreis von einer Meile gab es kein einziges Haus.

2. (Z.) innerhalb (von), binnen:
He assembled the plane within two hours. — Er bastelte das Flugzeug(modell) innerhalb von zwei Stunden zusammen.

3. (B.) in; im (od. in den) Bereich (von):
The children were within call [hearing, sight]. — Die Kinder waren in Rufweite [Hörweite, Sichtweite].

Idiom:
You will have to learn to live within your income. — Du wirst lernen müssen, dich nach der Decke zu strecken.

⚠ Unterscheide davon **adv.**:

1. (R.) d(a)rinnen, innen, drin:
The shutters only open from within. — Die Fensterläden lassen sich nur von innen (aus) öffnen.

2. (B.) innerlich, im Innern:

Her father was outwardly calm but raging within.
Ihr Vater war nach außen hin ruhig, aber innerlich tobte er.

without

1. ohne:

He couldn't live without her.
Er konnte ohne sie nicht leben.

She was left without money.
Sie stand ohne Geld da.

Those idiots read without understanding.
Diese Dummköpfe lesen, ohne zu verstehen.

Idioms:

I found their house without difficulty.
Ich fand ihr Haus ohne Schwierigkeiten (od. leicht).

You can go to the party without doubt.
Du kannst ohne Zweifel (od. zweifellos) zu der Party gehen.

Stars without number were in the sky.
Unzählige (od. zahllose) Sterne waren am Himmel.

She told us lies without scruple(s).
Sie belog uns ohne Skrupel (od. skrupellos).

2. (R.) außerhalb (von), (draußen) vor (veraltet!):

He stood without the door.
Er stand draußen vor der Tür.

⚠ Unterscheide davon **adv.**:

ohne:

There's no butter left, so we must do without.
Es ist keine Butter mehr da, also müssen wir ohne auskommen.

3. Zusammengesetzte Präpositionen

according to

gemäß, nach ..., ... nach:
He acted according to the regulations.   Er handelte vorschriftsmäßig.

along with

(zusammen) mit, und dazu:
He sent her a book along with a bunch of flowers.   Er schickte ihr ein Buch und dazu einen Blumenstrauß.

as for

was (an)betrifft, bezüglich:
As for him, I never want to see that man here again.   Was ihn anbetrifft, so will ich diesen Menschen nie mehr hier sehen.

as to

1. → *as for.*

2. dass, (um) zu, oft nur: und:
Would you be so kind as to close the door?   Wärst du so nett und würdest die Tür schließen?

3. nach, gemäß:
The pullovers on the shelf are sorted as to size and colour.   Die Pullover auf dem Regal sind nach Größe und Farbe sortiert.

because of

wegen:
The garden party was called off because of the bad weather.   Die Gartenparty wurde wegen des schlechten Wetters abgesagt.

but for

abgesehen von, wenn nicht ... gewesen wäre:
But for the heat in the car we would have had a pleasant journey.
Wenn nicht die Hitze im Wagen gewesen wäre, hätten wir eine angenehme Fahrt gehabt.

down from

von ... herunter:
The cat climbed down from the tree.
Die Katze kletterte vom Baum herunter.

down to

1. (R.) herunter/hinunter zu (od. in):
She went down to the basement.
Sie ging in das Kellergeschoss hinunter.

2. (B.) bis hinunter zu:
All the pupils were there down to the first-graders.
Alle Schüler waren da bis hinunter zu den Erstklässlern.

due to

to be due to **zuzuschreiben (od. zu verdanken) sein:**
The accident was due to his reckless driving.
Der Unfall war seiner rücksichtslosen Fahrweise zuzuschreiben.

except for

außer, ausgenommen, bis auf, abgesehen von:
They all were present except one lady who was on holiday.
Alle waren anwesend, bis auf eine Dame, die im Urlaub war.
I know nothing about her except for the fact that she is married.
Ich weiß nichts von ihr, außer dass sie verheiratet ist.

instead of

(an)statt, an Stelle (von):

Will you go to the concert instead of me?
Willst du an meiner Stelle in das Konzert gehen?

We're going to have fish instead of meat today.
Es gibt bei uns heute Fisch statt Fleisch.

The plane landed in Stuttgart instead of in Munich.
Das Flugzeug landete in Stuttgart statt in München.

Go about your work instead of playing around.
Geh an deine Arbeit anstatt herumzuspielen!

next to

1. (R.) ganz in der Nähe (von), gleich bei:
The pub is next to the church.
Das Wirtshaus ist gleich bei der Kirche.

2. (B.) fast, beinahe:
She ate next to nothing, but she didn't lose weight.
Sie aß fast nichts, aber sie nahm nicht ab.

on to, onto

auf (... hinauf)
The electrician climbed on to the roof.
Der Elektriker kletterte hinauf auf das Dach.

The cows ran on to the meadow.
Die Kühe rannten auf die Wiese.

out of

1. (R.)
a) aus ... (heraus/hinaus):
He took his hands out of his pockets.
Er nahm die Hände aus den Taschen.

Let's go out of doors!
Gehen wir hinaus (ins Freie)!

b) außerhalb (von), heraußen aus:
10 miles out of York we had a puncture.
10 Meilen außerhalb von York hatten wir eine Reifenpanne.

They liked to be out of doors. — Sie waren gern im Freien (od. draußen).

I was soon out of town. — Ich war bald draußen vor der Stadt.

Now we are out of the wood (Am. woods).
a) Jetzt sind wir aus dem Wald heraußen.
b) (**B.**) Jetzt sind wir überm Berg. Jetzt ist das Schlimmste überstanden.

2. (B.)
a) außerhalb (von) (= nicht dazugehörend):

She always felt out of it. — Sie fühlte sich immer als Außenstehende (od. ausgeschlossen).

Idioms:
This is out of the question. — Das kommt nicht in Frage.
This is out of the way.
a) (**R.**) Das ist abseits vom Wege.
b) (**B.**) Das ist abwegig.
c) (**B.**) Das ist ungewöhnlich.

Her cleverness is not out of the way. — Ihre Klugheit ist nichts Ungewöhnliches.

b) außer (= nicht mehr im Bereich od. Besitz von):

The athlete was out of breath. — Der Sportler war außer Atem.
The patient is now out of danger after the operation. — Der Patient ist jetzt nach der Operation außer Gefahr.
Their car was soon out of sight. — Ihr Auto war bald außer Sicht.

c) ohne (Vorrat, Arbeit etc.):
We are out of bread [money]. — Wir haben kein Brot [Geld] mehr.
He is out of work and will have to find something new. — Er ist arbeitslos und wird sich nach etwas Neuem umsehen müssen.

d) nicht (mehr) ... gemäß aus:

Idiom:
These shoes soon went out of fashion. — Diese Schuhe kamen bald aus der Mode.

e) um (bei Wegnahme, Betrug, Verlust):
He cheated me out of £100. — Er hat mich um 100 Pfund betrogen.

f) aus (bei Auswahl):
We picked a puppy out of the litter. — Wir suchten uns einen Welpen aus dem Wurf aus.

g) aus (einem bestimmten Material):

The house was made out of brick.	Das Haus war aus Backstein (gebaut).
The chair is made out of wood.	Der Stuhl ist aus Holz (gefertigt).

h) aus (bei Empfindungen, bes. Mitleid, Furcht, Neugier):

She came out of pure curiosity.	Sie kam aus blanker Neugier.

up to

1. (R.)
a) hinauf/herauf zu (od. **in, auf**):

She went up to the first floor.	Sie ging hinauf in den ersten Stock.

b) bis an, bis hinzu:

The man stood in the water up to his elbows.	Der Mann stand bis zu den Ellbogen im Wasser.

c) her zu, auf ... zu:

The dog came up to me.	Der Hund kam zu mir her.

2. (B.) bis zu (auch Z.):

The room sleeps up to 10 persons.	In dem Zimmer können bis zu 10 Personen schlafen.
Up to now I've never had the opportunity of meeting him.	Bis jetzt hatte ich noch nie die Gelegenheit, ihn kennen zu lernen.

> **Idiom:**
>
> | | |
> |---|---|
> | *His memory has been treasured up to this day.* | Sein Andenken wird bis auf den heutigen Tag in Ehren gehalten. |

3. a) gemäß, entsprechend:

He lived up to his principles.	Er lebte seinen Grundsätzen gemäß.

b) ... entsprechend, auf der gleichen Höhe wie:

Her short stories are no longer up to her former standards.	Ihre Erzählungen sind nicht mehr auf dem gleichen Niveau wie früher.

c) ... gewachsen, geeignet (od. **tauglich**) **für:**

Will he be up to this task?	Wird er dieser Aufgabe gewachsen sein?
This TV set isn't up to much.	Dieser Fernseher taugt nicht viel.

d) in der Lage (od. Stimmung, Laune) zu:

He didn't feel up to going to work.
   a) Er fühlte sich nicht in der Lage, zur Arbeit zu gehen.
   b) Er hatte keine Lust, zur Arbeit zu gehen.

Idiom:
She wasn't up to the mark last night. — Sie fühlte sich gestern abend nicht recht auf der Höhe.

4. an; abhängig von; die Sache (von):

It is completely up to them whether the meeting can take place. — Es liegt ganz an ihnen (od. hängt ganz von ihnen ab, ist ganz ihre Sache), ob das Treffen stattfinden kann.

It's up to us to help him. — Es ist unsere Sache (od. an uns), ihm zu helfen.

5. beschäftigt mit; darüber, zu:

Idioms:
What are they up to now?
   a) Was treiben sie denn jetzt?
   b) Was führen sie jetzt (wieder) im Schilde?

The children were up to no good. — Die Kinder führten nichts Gutes im Schilde.

Weitere Lern- und Übungsmaterialien:

Langenscheidts
Verb-Tabellen Englisch

Langenscheidts Verb-Tabellen sind bei Lernenden aller Altersstufen zum schnellen Nachschlagen oder Wiederholen von regelmäßigen und unregelmäßigen Verben beliebt. Jetzt präsentiert sich diese handliche Lernhilfe noch attraktiver und praktischer: die neue zweifarbige Gestaltung verbessert die Übersichtlichkeit, das erweiterte Register kann dank der deutschen Übersetzung auch als kleines Wörterbuch genutzt werden. Ein zusätzlicher Nachschlageteil informiert über die wichtigsten Verbindungen von Verben und Präpositionen.
64 Seiten, ISBN 3-468-34121-0

Langenscheidts
Praktische Grammatik Englisch

Die kompakte und übersichtliche Einführung in die englische Grammatik. Vergleiche mit dem Deutschen erleichtern das Verständnis. Ausführliche Erläuterungen mit vielen Beispielen, alle Beispiele mit deutscher Übersetzung. Zweifarbige Gestaltung und Register ermöglichen rasches Nachschlagen. Für Anfänger und Fortgeschrittene, für das Selbststudium und als Ergänzung zum Unterricht.
160 Seiten, ISBN 3-468-34932-7

Einen Gesamtüberblick über das Englisch-Programm von Langenscheidt finden Sie in unserem Katalog „Englisch".

80711 München • Postfach 40 11 20 • Telefon 089/360 96-0

Weitere Materialien zum Nachschlagen und Lernen:

Langenscheidt
Treffsicher in Englisch

Englische Idiomatik zum Lernen, Üben und Nachschlagen – benutzerfreundlich und motivierend. Rund 4000 *idioms* und *phrasal* verbs mit deutscher Übersetzung und englischen Beispielsätzen. Nach 30 Themenbereichen gegliedert: für leichtes und effektives Lernen im Sinnzusammenhang. Mit alphabetischem Gesamtregister zum Nachschlagen. Ausführliche Übungen mit Lösungsschlüssel zu jedem Kapitel. Die umfassende Einführung in die englische Idiomatik für Fortgeschrittene.
320 Seiten, ISBN 3-468-38531-5

Langenscheidts
Standardgrammatik Englisch

Englische Grammatik systematisch lernen und gezielt überprüfen. Eine ausführliche Darstellung aller wichtigen Gebiete, speziell auf die Bedürfnisse Deutschsprachiger zugeschnitten. Reichhaltiges und anschauliches Beispielmaterial, ausführliche Erklärungen und Tests am Ende der Kapitel mit Lösungsschlüssel. Farbige Gestaltung und auflockernde Illustrationen. Für Selbstlerner und fortgeschrittene Lernende an Schulen, Volkshochschulen und Universitäten.
260 Seiten, ISBN 3-468-34924-6

Einen Gesamtüberblick über das Englisch-Programm von Langenscheidt finden Sie in unserem Katalog „Englisch".

80711 München • Postfach 40 11 20 • Telefon 089/360 96-0